구역장과 셀리더를
코칭하라

구역장과 셀리더를 코칭하라

저자 강하롱

초판 1쇄 발행 2023. 5. 23.

발행처 도서출판 브니엘
발행인 권혁선

책임편집 김지연
책임교정 조은경

등록번호 서울 제2006-50호
등록일자 2006. 9. 11.

서울특별시 송파구 백제고분로28길 25 B101호 (05590)
마케팅부 02)421-3436
편집부 02)421-3487
팩시밀리 02)421-3438

ISBN 979-11-93092-01-9 03230

독자의견 02)421-3487
이메일 editorkhs@empal.com

북카페 주소 cafe.naver.com/penielpub.cafe
인스타그램 @peniel_books

도서출판 브니엘은 독자들의 원고를 설레는 마음으로 기다리고 있습니다.
위의 이메일로 간단한 기획 내용 및 원고, 연락처 등을 보내주십시오.

도서출판 브니엘은 갓구운 빵처럼 항상 신선한 책만을 고집합니다.

[구역장과 셀리더의 성품과 삶, 사역을 성장시키는 방법]

구역장과 셀리더를
코칭하라

강하룡 | 지음

 브니엘

　사회가 빠르게 변하고 있다. 흔히들 이 시대를 VUCA 시대, 즉 '변동성(Volatility), 불확실성(Uncertainty), 복잡성(Complexity), 모호성(Ambiguity)'의 시대라고 부른다. 과거 목회자의 일방적인 가르침과 선포에 성도들이 '덮어놓고 아멘'으로 화답하던 시대는 지나갔다. 사회는 놀랍도록 복잡하게 다원화되었다. 학문은 세분화되었고 삶의 현장은 더욱 다양해졌다. 사람들의 자기 삶에 대한 주도권이 점점 커지고 있다. 목회자가 성도의 생각과 삶에 가까이 다가가기 힘들어졌고 삶의 문제에 명확한 답을 말해주기가 더욱 어려워졌다.

　이런 시대에 성경을 기반으로 한 코칭은 목회와 교회 사역에 매우 유용하다. 코칭은 목회자가 정답을 알려주는 것이 아니라 성도가 스스로 정답을 찾아가는 과정을 함께하는 것이다. 가정이나 일터에서의 상황과 문제의 원인을 가장 잘 아는 사람은 당사자 본인이다.

이런 시대적 흐름에서 크리스천 코칭은 목회자가 성도의 삶을 효과적으로 돌볼 수 있는 좋은 도구임이 틀림없다. 코칭을 통하여 성도는 하나님의 관점으로 자기 삶을 바라보고, 성경적인 사고로 확장되며, 하나님이 주시는 영적 에너지를 받아서 사용하는 데 도움을 얻을 수 있다. 이를 코칭의 방향인 관점 전환, 사고 확장, 에너지 상승이라고 말한다.

이 책은 먼저 코칭의 일반적인 원리와 핵심 기술을 자세히 설명하면서 시작한다. 특별히 목회자가 구역장/셀리더를 영적으로, 사역적으로 돌보게 하는 데 집중하였다. 이어서 구역장/셀리더의 성품과 삶을 코칭하고, 나아가 사역을 코칭할 수 있도록 자세한 원리와 방법, 그리고 코칭 사례를 제시하였다.

구역장/셀리더와 같이 '사역하는 성도'는 반드시 사역을 받아야한다. 이것이 원칙이다. 그런데 일반적인 교회 현장에서는 평신도사역자들이 개인적인 돌봄, 사역적인 돌봄을 받기가 힘든 것이 현실이다. 구역장/셀리더가 사역의 과정과 결과에 대한 부담을 감수하는데 비해서 그 과정에서는 개인적인 돌봄을 받기가 힘들어 각자도생하는 경우도 적지 않다. 사역에 지치다 못해 사역을 내려놓는 경우도 있다. 평신도 사역자에게 코칭을 활용한 개인적인 돌봄, 사역적인 돌봄을 제공한다면 사역자의 사역에 대한 만족감과 성과가 높아질 것이라 확신한다.

Part 1은 '코칭 철학과 코칭 프로세스를 이해하라'이다. 일반적인 코칭의 기원, 정의, 철학에 대한 기본적인 이해도를 높이는 데 목적이 있다. 코칭, 상담, 컨설팅, 심리치료의 차이점과 유사점에 관해서도 설명하였다. 'GROW 코칭 프로세스'를 통해 기본적인 코칭 프로세스의 뼈대를 세울 수 있도록 하였다. 라포르 형성, 주제 선정, 경청, 질문, 인정과 칭찬, 강점 탐구, 대화의 주도권 잡기와 내어주기라는 7가지 핵심 기술을 자세히 설명하였다. 이어서 크리스천 코칭의 근거와 원리를 통하여 성경과 코칭의 관련성을 서술하였다.

Part 2는 '구역장과 셀리더의 성품, 삶을 코칭하라'이다. 사역자에 대한 일대일 사역, 개인적 돌봄이 중요하다. 구역장/셀리더는 개인적인 돌봄을 받아야 한다. 구역장/셀리더를 방치해서는 안 된다. 구역장/셀리더를 영적, 심리적, 육체적, 사회적으로 돌볼 수 있는 코칭의 방법과 사례를 서술하였다.

Part 3은 '구역장과 셀리더의 사역을 코칭하라'이다. 소그룹 순서지를 코칭형으로 구성하고 인도하는 법, 구역장/셀리더의 사역을 코칭하는 원리와 사례를 자세히 소개하였다. 또한 코칭으로 전도하는 방법, 코칭으로 전도 대상자와 신뢰 관계를 형성하는 노하우, 전도팀을 '팀 코칭' 하는 법을 서술하였다.

부록으로 솔라리움Ⅱ, 인생 그래프 1, 인생 그래프 2, 라이프 밸런스 휠, 내 인생의 하프타임 등 구역장/셀리더 코칭과 전도에 사용할 수 있는 코칭 도구를 소개하였다.

이 책은 코칭을 교회에 도입하고자 하는 목회자와 평신도 사역자에게 유용하다. 구역장/셀리더와 같은 평신도 사역자들을 영적으로 돌보기 원하는 목회자에게 큰 도움이 될 것이다. 또한 교회 여건이 허락한다면 구역장/셀리더의 입장에서 이 책을 읽고 목회자에게 이런 방식의 사역적 돌봄을 요청할 수도 있을 것이다. 사역 현장에서 반드시 '코칭'이라는 용어를 사용할 필요는 없다. 중요한 것은 구역장/셀리더와 평신도 사역자들을 개인적으로 돌보고, 사역적으로 돌보겠다는 목회자의 확신과 실천이다.

　마지막으로 이 책에서는 '구역장, 구역 모임, 구역원'이라는 용어를 주로 사용하였다. 교회 현장에서 구역장, 셀리더, 소그룹 리더, 목자는 용어는 다르지만 비슷한 의미로 사용되고 있다. 구역엔 구역장, 셀엔 셀리더, 소그룹엔 소그룹 리더, 목장 모임엔 목자가 리더 역할을 한다. 이름은 각각 다를지라도 교회에서 하는 역할은 비슷하다. 이 책에서는 '구역장' 혹은 '셀리더'라는 용어를 중심으로 사용하였지만, 코칭의 원리는 동일하기에 교회에 따라서 소그룹 리더 혹은 목자로 이해해도 무방하다. 같은 이유로 구역 모임은 셀 모임, 목장 모임으로 이해할 수 있고, 구역원은 셀원, 목원과 같은 의미로 이해할 수 있다.

　아무쪼록 이 책이 목회자가 구역장/셀리더를 잘 돕고, 구역장/셀리더가 구역원/셀원들을 잘 돕는 일에 도움이 되길 기대한다.

글쓴이 강하룡 목사

이 책의 활용 방법은 다음과 같다.

첫째, 담임 목회자가 부목회자와 평신도 코치를 대상으로 '구역장/셀리더 코치' 양성훈련을 진행하는 경우이다. 이 과정에서 훈련받은 부목회자와 평신도 코치들이 구역장/셀리더를 코칭할 자격을 갖추게 된다. 1주에 2시간 기준으로 7주 혹은 14주 일정으로 이 책의 순서를 따라 이론과 실습을 병행하는 커리큘럼을 짤 수 있다. Part 1은 이론 중심으로 진행되고, Part 2, Part 3은 이론과 실습을 병행하여 진행할 수 있다. 교회 전체에 코칭을 도입하는 과정은 시행착오를 최소화하기 위해서 6개월에서 1년 정도 단계적으로 진행해야 한다.

둘째, 담임 목회자 본인이 '구역장/셀리더 코치' 역할을 해야 하는 경우이다. 처음부터 전체 구역장/셀리더를 대상으로 시작하는 실수를 범하지 않도록 주의해야 한다. 설교하고 가르치는 역할에 익숙한 목회자에게는 코칭 마인드가 매우 어색하고 낯선 편이다. 처음에 2~3명 정도의 구역장/셀리더를 대상으로 6개월에서 1년 정도 코칭 실습하면서 목회자 본인이 훈련받는 기간을 갖기를 권장한다. 이 기간에 책 내용을 숙지하고, 코칭 현장에서 일어나는 여러 가지 시행착오와 어려움에 대하여 학습할 필요가 있다. 이후 전체 구역장/셀리더에게로 확장한다면 원하는 목적을 이룰 수 있을 것이다.

셋째, 담임 목회자들이 소그룹으로 모여서 동료 코칭 훈련을 진행하는 경우이다. 책의 순서를 따라 함께 이론을 공부하고 코치와 셀리더의 역할을 바꾸어 가면서 실습한다. 동시에 서로의 코칭 경험을 공유한다면 시행착오를 최소화하며 코치로서 빠르게 성장할 수 있다.

넷째, 구역장/셀리더가 코칭을 사역에 도입하고자 하는 경우이다. 교회가 코칭을 도입하지 않더라도 가능한 방법이다. 이때 Part 1 전체와 6장, 7장을 중심으로 이론과 실습 교육을 진행한다. 구역장/셀리더 역시 동료 코칭을 하면서 서로 역할을 바꾸어 실습한다면 효과적으로 코칭을 학습할 수 있다.

실습할 때는 먼저 책에 있는 코칭 사례를 숙지한다. 다음으로 코치와 피코치로 역할을 나누어 코칭 사례를 읽으면서 질문과 흐름을 연습한다. 끝으로 충분히 질문과 흐름에 익숙해진 다음에 수록된 다양한 코칭 질문을 활용해서 자신만의 코칭 흐름을 만들어간다.

담임 목회자, 평신도 코치에게 공통으로 실습이 필요한 부분은
다음과 같다.

4. 일대일 사역으로 리더를 양육하라
   일대일 사역으로 구역장과 셀리더를 양육하라
   일대일 사역(양육)의 3단계 – 나눔, 해석, 적용

5. 코칭으로 리더를 양육하라
   영혼육사를 질문하고 코칭하라 | 성경 말씀으로 코칭하라
   코칭으로 성품을 훈련하라 | 코칭으로 정서를 순화하라

6. 구역장과 구역 사역, 셀리더와 셀 사역을 코칭하라
   구역장과 셀리더는 코치가 되어야 한다 | 소그룹 순서지를 코
   칭형으로 구성하라 | 구역장과 셀리더의 사역을 코칭하라

7. 코칭을 활용하여 전도하라
   일반적인 전도, 코칭식 전도, 관계 전도 | 코칭으로 신뢰 관계
   를 형성하라 | 전도팀을 팀 코칭하라 | 코칭 도구를 활용하여
   전도하라

워크숍이나 세미나로 진행할 때 유익한 부분은 다음과 같다.

7. 코칭을 활용하여 전도하라
   일반적인 전도, 코칭식 전도, 관계 전도 | 코칭으로 신뢰 관계

를 형성하라 | 전도팀을 팀 코칭하라 | 코칭 도구를 활용하여
전도하라

교회 차원에서 소그룹 순서지를 업데이트할 필요가 있는 경우에
는 다음 장을 참조하라.

6. 구역장과 구역 사역, 셀리더와 셀 사역을 코칭하라
   구역장과 셀리더는 코치가 되어야 한다 | 소그룹 순서지를 코
   칭형으로 구성하라 | 구역장과 셀리더의 사역을 코칭하라

구역장/셀리더가 구역/셀 사역에서 코칭을 활용할 수 있도록 훈
련이 필요할 때는 다음 장을 참조하라.

6. 구역장과 구역 사역, 셀리더와 셀 사역을 코칭하라
   구역장과 셀리더는 코치가 되어야 한다 | 소그룹 순서지를 코
   칭형으로 구성하라 | 구역장과 셀리더의 사역을 코칭하라
7. 코칭을 활용하여 전도하라
   일반적인 전도, 코칭식 전도, 관계 전도 | 코칭으로 신뢰 관계
   를 형성하라 | 전도팀을 팀 코칭하라 | 코칭 도구를 활용하여
   전도하라

마지막으로 교회에서 저자를 초청하여 '목회자 코칭 일일 세미나' 또는 '구역장/셀리더 일일 세미나'를 개최하여 목회자, 평신도 코치, 구역장/셀리더를 훈련할 수 있다. 세미나 내용은 이 책을 중심으로 이론 설명, 코칭 실습, 소그룹 순서지를 코칭형으로 구성하기, 말씀으로 코칭하기, 전도팀 팀코칭 실습 등이다.

· · · · ·

Part 1에서는 '코칭 철학과 코칭 프로세스를 이해하라'라는 주제에 대해 설명한다.

1장에서는 '일반적인 코칭의 개요'를 설명하면서 일반적인 코칭의 기원, 정의, 철학에 대한 기본적인 이해도를 높이려 하였다. 코칭, 상담, 컨설팅, 심리치료의 차이점과 유사점에 관해서도 설명하였다.

2장에서는 'GROW 코칭 프로세스'를 통해 기본적인 코칭 프로세스의 뼈대를 세울 수 있도록 하였다. 라포르 형성, 주제 선정, 경청, 질문, 인정과 칭찬, 강점 탐구, 대화의 주도권 잡기와 내어주기라는 7가지 핵심 기술을 자세히 설명하였다. 코칭에서 빠지기 쉬운 함정도 자세히 다루었다.

3장에서는 '크리스천 코칭의 근거와 원리'를 통하여 성경과 코칭의 관련성을 서술하였다. 성경적인 인간관과 코칭을 어떻게 연결할 수 있는지, 크리스천 코칭의 정의와 원리가 무엇인지, 코칭의 모델이신 삼위일체 하나님, 이드로와 바나바를 통해 코칭의 성경적 사례에 대하여 서술하였다.

코칭 철학과 코칭 프로세스를 이해하라

CHAPTER 01

코칭이란 무엇인가?

"그러나 진리의 성령이 오시면 그가 너희를 모든 진리 가운데로
인도하시리니 그가 스스로 말하지 않고 오직 들은 것을 말하며
장래 일을 너희에게 알리시리라"(요 16:13).

코칭의 기원과 용어 정리

▶ 코칭의 기원

(사)한국코치협회에 따르면 현대 코칭의 기원은 '티모시 골웨이'
로부터 시작되었다고 한다. 1938년 샌프란시스코에서 출생한 골웨
이는 하버드 대학교 교육학자이자 테니스 전문가였다. 그는 교직생

활 중에 안식년을 맞아 테니스를 지도하는 과정에서 학습과 코칭의 새로운 방법을 발견했다. 그는 '기술적이고 상세한 지시보다 피코치가 자신의 내면적 정신 작용에 집중하도록 도울 때' 가장 쉽게 테니스를 배울 수 있음을 발견했다.

전통적인 교육 방식에서는 코치가 지시하여 학생의 움직임을 통제한다. 골웨이는 이러한 방식이 학생 마음속에 불필요한 대화를 만들어 내고 방해하여, 타고난 능력을 발휘하는 데 장애로 작용한다는 사실을 점차 인식하게 되었다. 지나친 통제는 자신감을 약화시켜 자연스러운 학습 프로세스가 일어나는 것을 방해하는 결과를 가져왔다.

골웨이는 사람 내부에 이미 타고난 능력이 있어서 외부에서 통제하지 않고, 있는 그대로의 의식에 집중하면 쉽고 빠르게 성장할 수 있다고 주장했다. 실제로 이 방식을 사용한 선수들은 학습을 더 재미있게 즐기면서도 빠르게 향상되는 성과를 얻었다. 그는 테니스에서 발견한 새로운 방법을 '이너 게임'이라고 이름 붙이고, 스키, 골프 등의 영역에까지 확장하였다.

1980년대 초에 이너게임의 접근법을 비즈니스 현장에 접목한 이는 존 휘트모어였다. 그는 비즈니스 조직에 코칭을 도입하였고, 세계에서 가장 많이 사용되는 코칭 모델인 'GROW 모델'을 개발하였다. 가르치지 않고 스스로 깨치게 하는 코칭 방법론은 비즈니스 리더의 성장과 조직의 성과 창출에 효과적이었다. 그는 1996년 「성과를 위한 코칭」을 저술하여 코칭과 리더십의 발전에 기여하였다.

1995년에는 국제코치연맹 ICF(International Coaching Fede-
ration)이 설립되었다. ICF는 세계에서 가장 큰 코치 연합체로, 2022
년 3월 기준 전 세계적으로 140여 개 챕터가 운영 중이며, 52,000여
명의 회원을 보유하고 있고, 44,000여 명의 인증코치를 배출하였다.
ICF는 코칭 윤리와 8가지 코칭 핵심 역량을 기반으로 국제적 수준의
전문 코치와 코칭 프로그램의 질적 기준을 제시하고 있다.

우리나라에서는 2003년 6월 ICF 코리아 결성으로 본격적인 출
발을 알렸다. 또한 우리나라의 코치와 코칭 운동을 주도하는 '한국
코치협회'가 2003년 12월에 발족했다. 한국코치협회는 2006년 노
동부 산하 사단법인으로 인가되어 현재에 이르고 있다.

▶ 기본 용어 정리

코칭은 피코치가 '현재 위치에서 원하는 위치로, 현재 상태에서
원하는 상태로 갈 수 있도록 돕는 활동'을 뜻한다. 코치는 코칭을 하
는 사람, 피코치는 코칭을 받는 사람을 지칭한다. 코치(Coach)에 대
응되는 단어는 코치이(Coachee)이다. 코치와 코치이라는 단어는 의
미를 가장 정확하게 나타낼 수 있으나 발음의 유사성으로 인해 혼란
을 야기한다. 그래서 코치나 저자들은 각각 피코치, 고객, 클라이언
트, 내담자 등 다양한 용어를 사용한다.

일반 코칭에서 가장 많이 사용되는 단어는 '고객'이다. 코칭의

정의나 철학 등에서 많이 등장한다. 그런데 고객이라는 단어가 주는 느낌이 '헌신과 봉사' 위주의 교회 상황에서 적합하지 않다. 그래서 이 책에서는 중립적인 어감을 가진 '피코치'라는 단어를 주로 사용하였고, '코치(목회자), 피코치(구역장)' 등으로 상황에 따라 병기하여 사용하였다. 다른 책과 저자의 글을 인용할 때는 저자의 언어(예를 들면, 고객)를 그대로 옮겼다.

코칭의 정의와 철학

다음은 코칭의 다양한 정의이다.

"코칭은 개인 및 직업적 잠재력을 극대화하도록 영감을 주고 생각을 자극하는 창의적인 과정을 고객의 동반자가 되어 협력하는 것이다."

국제코치연맹(ICF)

"코칭은 개인과 조직의 잠재력을 극대화하여 최상의 가치를 실현할 수 있도록 돕는 수평적 파트너십이다."

한국코치협회

"코칭은 개인이나 집단을 현재 위치에서 그들이 원하는 지점까지 갈 수 있도록 인도하는 기술이자 행위이다."

게리 콜린스, 「코칭 바이블」

"코칭은 성과를 극대화하기 위해, 개인의 잠재 능력을 깨워주는 것이다."

존 휘트모어, 「성과 향상을 위한 코칭 리더십」

"코치는 다른 사람을 안내하여 역량을 증대시키고, 더 깊이 헌신하게 하며, 자신감을 키우도록 훈련받고 헌신한 사람이다."

프레드릭 허드슨, 「코칭 핸드북」

"코칭은 내면의 현자를 만나게 하는 기술이다."

이동운, 「코칭의 정석」

코칭의 정의에 대해 공통적인 핵심을 요약하면 코칭은 개인이나 조직이 목적이나 목표를 달성할 수 있도록, 질문을 통하여 새로운 관점을 발견하고, 경청, 공감, 격려를 통하여 긍정적인 에너지를 얻도록 돕는 활동이다. 그래서 코칭은 발전하고자 하는 의지가 있는 개인이나 조직을 대상으로 한다. 그들이 가진 잠재 능력을 최대한 개발하여 스스로 사고하고 움직이는 주도적인 인재로 성장하도록 돕는다. 결과적으로 그들은 현재 있는 지점에서 자기가 바라는 목표를 설정하고 전략적인 행동을 통하여 성취를 이룰 수 있다.

코칭의 유일한 목적은 피코치의 자아실현과 조직의 성장을 돕는 것이다. 코칭은 더 많은 일을 효과적으로 하고 싶은 사람, 자기 재능이나 능력을 더 높이고 싶은 사람, 더 행복하게 성공적으로 살고 싶은 사람에게 강력한 동기를 부여하고 스스로 문제를 발견하고 해결하며 성공적이고 행복한 미래를 설계하여 행동하도록 돕는다.

에노모토 히데타케는 「마법의 코칭」에서 코칭은 다음 세 가지 기본 철학을 가지고 있다고 주장했다. 첫째, 모든 사람에게는 무한한 가능성이 있다. 둘째, 그 사람에게 필요한 해답은 그 사람 내부에 있다. 셋째, 해답을 찾기 위해서는 파트너가 필요하다. 이 세 가지 철학은 코칭 세계에서 중요한 위치를 차지한다.

세 가지 철학을 좀 더 자세히 살펴보자. 첫째, 모든 사람에게는 무한한 가능성이 있다. 모든 사람은 자아실현의 욕구가 있다. 자아실현이란 자신이 본래 지닌 능력이나 가능성을 최대한 발휘하는 것이다. 코치는 그 가능성을 믿어주고, 피코치가 가능성을 실현할 수 있도록 돕는다. 피코치의 가능성을 믿는 것은 코치의 기본 자질이다.

코칭의 인간관은 인간을 긍정한다. 사람은 조건이나 환경이 갖추어지면 외부로부터 특별한 통제가 없이도 자발적으로 생각하고 행동한다고 전제한다. '인간 긍정'은 인간의 무한한 가능성과 잠재력을 내포한다. 무한한 가능성을 인정하며 자극하고 이를 이끌어 내어 발휘하도록 돕는 것이 코치의 역할이다.

둘째, 그 사람에게 필요한 해답은 그 사람 내부에 있다. 피코치가 지닌 본래의 능력과 가능성을 최대한 발휘하도록 도우려면 어떻게 해야 하는가? 둘째 철학은 이 질문에 대한 대답과 관련이 있다. 코칭의 관점으로 사람을 보았을 때 사람에게는 의지와 열정이 있고 자신이 생각하는 방법으로 최적의 선택을 끌어낼 수 있다.

피코치가 주도권을 갖고 있어야 근본적인 변화가 가능하다. 빠르고 즉각적인 해답을 주는 전통적인 방식은 임시방편이다. 문제가 달라지면 또다시 해답을 주어야 하는 악순환에 빠지게 된다. 장기적이고 근본적인 방식이 되려면 피코치가 스스로 생각하고 선택할 수 있도록 도와야 한다. 생각과 선택의 결정권이 코치가 아니라 피코치에게 있어야 피코치가 성장할 수 있다. 모든 사람은 자신이 변화할 수 있는 지렛대를 가장 잘 알고 있고 내면의 힘을 사용하여 스스로 답을 찾아갈 능력이 있다.

하향식(Top down, 위에서 아래로 내려가는 방식)으로 권한을 휘두르는 조직에서는 환경이나 조건에 상관없이 동일한 해답을 아래로 내려보낼 가능성이 크다. 권한과 문제에 대한 해답이 같은 방향으로 흐르기 때문이다. 상향식(Bottom up, 아래에서 위로)으로 아래쪽에 권한 위임이 많이 된 조직의 경우 각자의 환경과 조건에 따라 다른 해답을 위로 올려 보낼 수 있다. 상사가 해답이라고 생각하는 것을 획일적으로 아래로 흘려보내는 조직과 직원이 자신이 생각하는 접근법을 위로 올려 보낼 수 있는 조직 중에서 어떤 조직에서 사람이 더욱 성장할 수 있을까? 어떤 조직에서 자신의 가능성을 발견하면서 더욱 신나게 일할 수 있을까? 어떤 조직이 더욱 큰 성과를 낼 수 있을까?

셋째, 해답을 찾기 위해서는 파트너가 필요하다. 피코치 중에는 '그 사람에게 필요한 해답은 그 사람 내부에 있다'는 것을 자각하지 못하거나 심지어는 믿지 않는 경우가 있다. 피코치가 둘째 철학을 받아들일 수 있도록 돕는 것이 코칭이 시작되는 지점이다. 코치는 피코치 내면에 있는 가능성을 끌어내고 피코치가 스스로 찾아갈 수 있도록 돕는 파트너 역할을 한다.

사람들은 고정 관념, 고정 관점, 자동 사고로 인해서 코치가 필요하다. 사람은 자기 의지를 뛰어넘어 효과적으로 혹은 효율적으로 문제를 해결하기가 쉽지 않다. 고정된 관점에서 벗어나 새로운 관점으로 사건이나 사물을 보는 것도 간단치 않다. 습관적인 행동 패턴을 벗어나서 새로운 방식으로 행동하기도 어렵다. 고정된 사고방식을 벗어나기 위해서, 관점을 전환하기 위해서, 무의식적인 자동 사고를 막기 위해서 코치가 필요하다.

코칭, 상담, 컨설팅, 심리치료의
차이점과 유사점

코칭이 무엇인지를 알기 위해서는 코칭과 유사한 다른 것과 비교할 필요가 있다. '가인지 컨설팅 그룹'에서는 코칭, 상담, 심리치료, 컨설팅의 공통점과 차이점을 다음과 같이 설명한다. 공통적인 유사점은 모두 변화를 지향한다는 점이다. 고객 혹은 내담자의 삶이

■ 그림 1. 코칭, 상담, 심리치료, 컨설팅의 공통점과 차이점

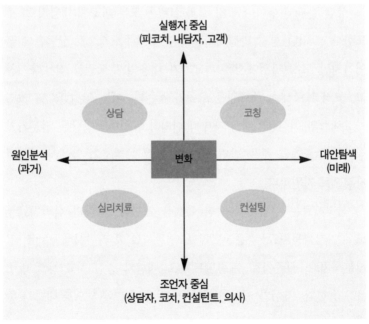

(출처 : 가인지 컨설팅 그룹)

긍정적으로 변화되는 것을 추구한다. 긍정적인 변화란 과거 상처의 회복이 될 수도 있고, 미래를 내가 원하는 방향으로 바꾸는 것이 될 수도 있다.

먼저 코칭과 상담을 비교해보자. 상담은 변화를 위한 발견과 의사 결정을 실행자(피코치, 내담자, 고객)가 한다는 차원에서 코칭과 유사하다. 하지만 상담은 일반적으로 내담자의 과거 경험과 내면의 상처로부터 문제를 진단하고 적합한 상담 방법을 활용하여 내담자의 문제를 해결한다. 이에 비해 코칭은 미래의 상황과 주제를 다룬다는 점에서 차이가 있다.

상담 결과 실행이나 코칭 결과 실행은 모두 피코치(내담자)가 주도한다. 그러나 상담 과정에서는 상담자가 주도적으로 상담을 이끌어가지만 코칭 과정에서는 피코치가 내용의 주도권을 갖는다. (참고. 코칭 프로세스 주도권은 코치가 갖는다. 이는 '2. GROW 코칭 프로세스의 핵심은?'에서 자세히 설명하고 있다.) 상담은 전문가가 심리학적 도움을 주는 반면, 코칭은 코치가 피코치 옆에서 파트너 자격으로 지원한다.

심리치료는 상담과 유사한 특성을 가졌다. 상담과 심리치료는 모두 인지행동치료, 수용전념치료, 행동치료, 합리정서행동치료, 정신분석치료, 실존치료, 게슈탈트치료, 내담자 중심 치료 등의 방법을 사용한다. 차이가 있다면 상담이 '정상인'을 대상으로 내담자 중심으로 진행된다면, 심리치료는 '환자'를 대상으로 조언자(의사) 중

■ 표 1. 상담과 코칭 비교

구 분	상 담	코 칭
실행 주도권	내담자	피코치
과정 주도권	상담자	피코치
방향	내면의 상처, 심리적 문제	외적 변화
목표	문제 치유	목표 달성
집중	과거, 원인 분석, 진단	미래 변화, 강점, 자원 발견
역할	전문가	파트너

심으로 진행된다는 것이다. 상담은 심리적, 교육적, 상황적 문제 해결에 집중하고 심리치료는 개인 내적 역동과 과거에서 현재로 이어지는 문제에 대한 교정 치료에 집중한다.

　컨설팅은 문제를 해결하고 미래의 변화를 추구한다는 점에서 코칭과 유사한 면이 있다. 하지만 코칭은 피코치 중심의 접근법을 취하고 컨설팅은 컨설턴트 중심의 접근법을 취한다는 점에서 차이가 있다. 코칭은 피코치가 스스로 대안을 탐색하고 여러 가지 대안 중에서 실행 계획을 찾지만, 컨설팅은 컨설턴트가 전문성을 발휘하여 분석하고 대안을 제시한다. 컨설팅을 받는 사람은 컨설턴트의 해결책을 실행해야 하는데, 이 부분에서 어려움을 겪게 된다. 컨설팅받은 조직의 상황과 자원이 컨설턴트의 해결책과 차이가 있을 수 있기 때문이다. 컨설턴트가 제안하는 해결책과 조직의 상황이 잘 연결된다는 보장은 누구도 할 수 없다.

그 외 멘토링이라는 개념도 변화를 지향한다. 멘토링은 그리스 신화에서 나온 개념이다. 오디세이가 트로이 전쟁에 참전하면서 아들 텔레마코스를 자기 친구였던 멘토에게 맡겼던 이야기에서 비롯되었다. 오디세이는 자신이 전쟁에서 죽을 수도 있다고 생각했기에 아들을 잘 길러줄 것을 멘토에게 부탁했다. 마침내 오랜 전쟁에서 돌아온 오디세이는 아들이 훌륭하게 자란 것을 보고 감동했다.

멘토링은 전문성과 덕망을 갖춘 스승이 전인격적으로 제자의 모든 영역을 지도하는 일대일 교육이다. 멘토링은 훌륭한 스승이 평생의 경험과 학식을 활용하여 충고도 하고 책망도 하면서 제자를 지도한다. 학식과 덕망을 모두 갖춘 멘토가 되는 길은 멀고 험난하다. 멘토 역할은 아무나 할 수 있는 것이 아니다. 반면 코치는 전문 과정을 거치면 누구나 자격을 취득할 수 있다. 모든 면에서 존경받는 멘토는 아니라도 전문 훈련을 받고 자격을 취득한 코치라면 누구라도 코칭할 수 있다. 멘토가 제자에게 전문성과 성품 등 모든 영역에서 삶의 본을 보이는 사람이라면 코치는 피코치가 해답을 스스로 찾도록 돕는 파트너이다.

CHAPTER 02

GROW 코칭 프로세스의 핵심은?

"보혜사 곧 아버지께서 내 이름으로 보내실 성령 그가 너희에게 모든 것을 가르치고 내가 너희에게 말한 모든 것을 생각나게 하리라"(요 14:26).

GROW 프로세스

존 휘트모어는 「코칭 바이블」에서 모든 공식적, 비공식적 코칭의 대화 순서는 다음 네 가지를 따른다고 하였다. 영어 앞 글자를 따서 'GROW 모델' 이라고 부른다.

- 코칭의 단기 및 장기 목표 설정 (Goal)
- 현재 상황을 파악하기 위한 현실 점검 (Reality)
- 가능한 대안 찾기 (Options)
- 대안을 실행하겠다는 의지 확인 및 실행 계획 (Will)

휘트모어는 목표 설정의 중요성을 강조하였다. 얼핏 생각하면 먼저 현실을 알아야 목표를 정할 수 있을 것 같지만 이는 사실이 아니다. 오히려 현실에만 기초하여 목표를 세우면 그 목표는 부정적으로 흐르기 쉽다. 현재 당면한 문제와 한정된 자원의 한계를 인식하여 목표를 낮게 잡을 위험성이 크다.

사람은 이상적인 목표, 장기적인 계획을 잡았을 때 오히려 에너지를 얻게 되고 흥분하고 동기가 부여된다. 가슴 뛰는 장기 목표를

■ 표 2. GROW 단계별 핵심 질문

GROW 단계	핵심 질문
목표 설정 (Goal)	달성하고 싶은 목표는 무엇입니까?
현실 점검 (Reality)	목표와 관련된 현실은 어떻습니까?
대안 찾기 (Options)	선택할 수 있는 대안은 무엇입니까?
실행 계획 (Will)	그 방법을 어떻게 실행할 계획입니까?

먼저 잡고 여기에 대응하는 중기 목표, 단기 목표를 세웠을 때 창의력이 생기고 목표를 이루고자 하는 의지가 강해진다. 이런 이유로 휘트모어는 대부분의 상황에서 GROW 모델의 순서를 따라서 코칭하기를 권한다.

GROW 모델 전후에 각각 프로세스를 하나씩 추가하면 코칭 분위기를 더욱 자연스럽게 시작하고 마무리 지을 수 있다. 코칭 세션(코칭 시간, 보통 1시간)의 시작은 '라포르 형성'이며, 마지막은 '점검 계획'이다.

▶ 라포르 형성 - 사전 과정

핵심 질문	● 최근에 어떤 감사한 일이 있었나요?
관련 질문	● 오늘 하루 어떠셨나요? ● 최근에 어떤 기분 좋은 일이 있었나요?

피코치가 코치에게 마음을 열고 코칭이 자연스럽게 진행되기 위해서는 코칭을 시작할 때 라포르를 형성하는 일이 중요하다. 감사한 일이나 기쁜 일을 질문하면 피코치의 관점이 긍정적인 관점으로 변화한다. 이렇게 대화를 시작하면 피코치가 자연스럽게 코치에게 마음의 문을 열 수 있다. 코치와 피코치의 신뢰 관계를 형성할 수 있는 첫 단추를 잘 끼울 수 있다.

▶ 코칭의 단기 및 장기 목표 설정 (Goal)

핵심 질문	● 달성하고 싶은 목표는 무엇입니까?
관련 질문	● 오늘 무엇에 대해 이야기할까요? ● 얻고자 하는 것은 무엇입니까? ● 코칭 대화를 통해 얻고 싶은 결과는 무엇입니까? ● 좀 더 구체적으로 말씀해주세요. ● 이 주제가 어떻게 되면 만족하겠습니까? ● 정말로 원하는 것은 무엇입니까? ● 이 주제가 원하는 대로 이루어졌다면 그 모습은 어떤 모습일까요? ● 오늘 대화 주제를 한 문장으로 정리해주세요. ● 말씀하신 여러 가지 주제 중에서 우선순위가 가장 높은 것은 무엇입니까?

목표를 합의할 때는 구체적으로 그림 그리듯이 상상하게 질문한다. 구체적으로 이미지를 그릴수록 에너지는 올라가기 때문에 생생한 이미지를 그릴 수 있는 질문을 한다. 좋은 목표는 'SMART' 하다. SMART는 구체적이고(specific), 측정 가능하며(measurable), 달성할 수 있고(achievable), 현실적이며(realistic), 시기적절하다는(timely) 의미이다.

▶ 현재 상황을 파악하기 위한 현실 점검 (Reality)

핵심 질문	● 목표와 관련된 현실은 어떻습니까?
관련 질문	● 현재 모습은 어떻습니까? ● 목표와 현실의 차이는 무엇입니까? ● 현재 상황에 대해 자세히 설명해주세요. ● 현재 상황에서 긍정적 요소와 부정적 요소는 무엇인가요? ● 목표를 달성하는 데 가장 방해가 되는 요소는 무엇입니까? ● 활용 가능한 자원은 무엇입니까? ● 이 주제에 대해 가지고 있는 경험이나 지식은 무엇입니까? ● 현재 모습 속에서 발견할 수 있는 　기회나 가능성은 무엇입니까?

현실 점검 단계에서는 원하는 모습(목표)과 차이가 있는 현재 모습을 발견하고 인식한다. 다음 단계로 넘어가기 전 현재 상황에서 가능성, 기회, 자원을 발견한다.

▶ 가능한 대안 찾기 (Options)

핵심 질문	● 선택할 수 있는 대안은 무엇입니까?
관련 질문	● 최적의 대안은 무엇입니까? ● 목표와 현실 사이의 차이를 좁힐 수 있는 방법은 　무엇인가요? ● 과거 경험에서 얻을 수 있는 교훈은 무엇인가요? ● 자원을 효과적으로 사용하는 방법은 무엇인가요? ● 또 다른 방법이 있을까요?

대안 찾기 단계에서는 최대한 많은 대안 후보를 찾는다. 브레인스토밍과 비슷한 분위기로 실현 가능성 유무를 따지지 않고 일단 양으로 승부를 본다. 양적으로 많은 핵심 아이디어를 내면서 자원을 활용할 방안을 찾는다. 그러면 실행 단계에서 구체적인 실행 계획을 찾을 때 실현 가능성이 커지면서 동기부여가 되고, 피코치의 에너지가 올라간다.

▶ 대안을 실행하겠다는 의지 확인 및 실행 계획 (Will)

핵심 질문	● 구체적인 실행 계획은 무엇입니까?
관련 질문	● 무엇을, 언제까지, 어떻게 실행할 계획입니까? ● 대안 중에서 가장 먼저 해야 할 일은 무엇입니까? ● 앞으로 해야 할 전체 계획과 순서는 어떻게 됩니까? ● 예상되는 장애물은 무엇인가요? 어떻게 극복할 수 있을까요? ● 지원받아야 할 부분이 있다면 무엇인가요? ● 필요한 시간과 자원은 어느 정도인가요?

실행 단계에서는 대안 찾기 단계에서 나왔던 다양한 대안에 우선순위를 부여한다. 가장 우선순위가 높고, 실행 가능한 한두 가지 대안 중심으로 구체적인 실행 계획을 짠다. 투입 가능한 인원과 자원에 대한 계획, 일의 순서 등 실행 계획을 조직화한다. 관련된 사람이나 조직과의 연관성도 고려한다. 특히 예상되는 장애물을 미리 확

인하는 것이 중요하다. 막상 현실에서 장애물이 닥치게 되면 추진력을 잃어버리거나, 장애물에 걸린 상태에서 너무 많은 시간을 소모할 수 있기 때문이다. 실행 시 장애물을 예상해보고, 다른 사람과 조직의 도움을 받는 등 장애물 극복 방안을 미리 고려해야 한다.

▶ 점검 계획 - 사후 과정

핵심 질문	● 점검 계획은 무엇입니까?
관련 질문	● 무엇을 확인하면 실행했다는 것을 알 수 있을까요? ● 어떻게 점검할 계획입니까? ● 완료했다는 것을 어떻게 알 수 있을까요? ● 코치로서 제가 어떻게 도와드리면 될까요? ● 오늘 대화에서 유익한 점이나 의미 있었던 점을 말씀해주세요. ● 오늘 대화에서 얻은 것 하나를 말씀해주세요.

점검 계획을 통해서 피코치가 자신의 목표가 성취된 상태를 구체화할 수 있다. 최종 질문으로 유익한 점이나 의미가 있었던 점을 말해주기를 요청함으로 코칭 대화를 긍정적으로 마무리 지을 수 있다.

※ 중립적 질문으로 관점 전환, 사고 확장, 에너지 상승

'모든 코칭 질문은 중립적이어야 한다'가 원칙이다. 기본적으로 개인의 편견이나 의도가 들어가지 않은 질문이 좋다. 예를 들어 목표 합의를 할 때 "어떤 고민이 있으신가요?"라는 질문은 바람직하지 못하다. '고민'이라는 부정적인 주제를 전제로 한 질문이기 때문이다. 피코치가 코칭받으러 올 때 오늘은 '미래의 긍정적인 성취'를 목표로 코칭받고 싶다고 생각하며 올 수도 있다. 코치가 전제를 깔고 질문하게 되면 피코치는 사고의 확장이 아니라 사고의 축소를 경험하게 된다. 자연히 에너지 상승이 아니라 하강을 경험하게 된다. 중립적인 언어로 목표 질문을 한다면 "오늘 어떤 주제로 코칭 대화를 나눌까요?"라고 질문할 수 있다.

경우에 따라서는 의도가 들어간 질문을 코치가 일부러 할 때도 있다. 이때 코치는 자신이 의도가 들어간 질문을 하고 있다는 사실을 인식하고 있어야 한다. 예를 들어, 나는 라포르 형성에서 "최근에 감사한 일이 있다면 나누어주세요"라는 질문을 선호한다. 이는 피코치가 '감사'라는 관점을 가지고 자기 삶을 돌아보길 원한다는 의도가 들어있다. 인생은 좋은 일, 힘든 일이 섞여 있다. 자기 삶을 부정적으로 되돌아보면 괜히 기분이 우울해지고 슬퍼진다. 한편 긍정적인 면을 찾고자 한다면 힘든 순간에도 찾을 수 있다. 이런 질문을 통해 피코치의 관점을 '긍정' '감사'의 관점으로 서서히 변화시킬 수 있다.

코칭 프로세스가 잘 진행되었다면 피코치는 공통적으로 관점 전환, 사고 확장, 에너지 상승을 경험하게 된다. 피코치는 과거 자신이 바라보지 못했던 새로운 시각으로 자기와 상황을 바라보게 된다. 이는 자연스럽게 사고 확장으로 이어진다. 또한 어떠한 상황에서도 긍정적인 측면이나 관련된 자신의 강점을 발견할 수 있다. 이는 피코치의 에너지 상승으로 이어져 "나도 할 수 있겠구나!"라는 확신을 갖게 된다.

코칭의 7가지 핵심 기술

▶ 핵심기술 1 : 라포르 형성

'라포르'(rapport)란 보통 두 사람 사이에서의 공감대 형성이나 상호 신뢰 관계를 뜻한다. 코칭을 목적으로 만난 코치와 피코치가 서로 공감대를 형성하거나 긍정적인 관계를 시작하였을 때 '라포르를 형성하였다' 라고 말할 수 있다. 중요한 부분은 라포르란 어느 한쪽의 생각이나 느낌이어서는 안 된다는 점이다. 양측 모두 연결된 느낌, 유대감, 감정적 교류, 신뢰감을 어느 정도 느꼈을 때 라포르란 단어를 사용할 수 있다.

김영기는 자신의 저서 「코칭 대화의 심화 역량」에서 코칭 성패의 첫 단추는 '라포르 형성'이라고 강조하며, 라포르 형성에 필요한 두 가지 요소는 코치에 대한 인간적인 호감과 코치의 전문성에 대한 신뢰감이라고 말했다. 이를 바탕으로 피코치가 신나서 자랑스럽게 대답할 수 있는 질문, 긍정적인 관점으로 자신을 바라보도록 하는 질문, 코칭 주제 선정과 관련 있는 질문을 하면 라포르 형성에 매우 유익하다.

첫 만남의 분위기는 동상이몽이다. 피코치는 '코칭이 과연 나에게 도움이 될까?' '이 코치는 실력이 있을까?' '모르는 사람에게 내 고민을 털어놓아도 괜찮을까?' 등을 고민한다. 코치는 '이 피코치가 나를 신뢰할까?' '피코치가 꺼내놓는 주제에 대해 나는 성공적인 코칭을 할 수 있을까?' '이 피코치는 코칭받는 자세가 얼마나 되어 있을까?' 등을 고민한다. 그래서 초기 대면의 시간은 코치와 피코치가 서로를 탐색하는 시간이 된다.

「코칭 대화의 심화 역량」에서 김영기는 라포르를 잘 형성하기 위한 다섯 가지 방법을 다음과 같이 소개한다.

- 피코치에 대한 존중과 호기심을 가지라.
- 피코치의 주제에 몰입하고 경청하라.
- 라포르 형성에 충분한 시간을 할애하라.
- 도입의 질문 기술을 활용하라.

● 겸손과 전문성의 균형을 유지하라.

첫째, 피코치에 대한 존중과 호기심을 가지라. 라포르 형성에서 가장 밑바탕을 형성하는 것은 피코치를 존중하는 마음이다. 겉으로 보이지 않지만 코치가 이런 마음을 가지고 대하는지 아닌지는 피코치가 금방 알아차린다. 피코치를 존중하고 호기심을 갖는 것은 코치가 '자기 중심적인 코칭'이 아니라 '피코치 중심의 코칭'을 하고 있다는 증거가 된다. 코칭은 단순한 방법이 아니라 사람을 바라보는 철학이다.

둘째, 피코치의 주제에 몰입하고 경청하라. 코치가 피코치의 말을 경청하고, 피코치가 말하기에 몰두하게 되면 라포르가 강화된다. 사람은 누구나 자기 말을 진지하게 들어주는 사람에게 호감을 느끼고 마음의 문을 연다. 피코치에 대한 존중과 호기심은 자연스럽게 피코치가 꺼내놓는 주제에 대한 집중으로 연결된다.

셋째, 라포르 형성에 충분한 시간을 할애하라. 성급한 마음은 라포르 형성을 실패하게 만든다. 대부분의 피코치는 코칭이 무엇인지 잘 모르고 자기 이야기를 두서없이 꺼내놓기 마련이다. 이때 코치는 제한된 시간에 준비한 질문을 하면서 프로세스를 끝까지 진행해야 하기에 자칫하면 조바심을 내게 된다. 그렇다고 피코치의 말을 끊으면서 "핵심만 간단히 말해주세요"라고 말하면 분위기가 싸늘하게 식을 수밖에 없다. 기억할 것은 피코치의 말이 두서없을지라도 피코치의 감정을 읽어주면서 경청한다면 라포르 형성에 큰 도움이 된다는 사실이다. 피코치는 '이 코치에게는 무슨 말이든 편하게 할 수 있겠다'는 우호적인 감정을 느끼게 되고, 이는 성공적인 코칭으로 이어진다.

넷째, 도입 단계에서 적절한 질문 기술을 활용하라. 코칭 시작 시점에서의 질문은 코칭 전체 과정에 큰 영향을 미친다. 잘못된 질문은 코칭 시간 내내 삼천포로 빠져 헤매게 하는 단초를 제공하기도 한다. 코칭 도입 단계에서는 피코치가 자랑스럽게 대답하고, 긍정적인 분위기로 이끄는 질문, 후속 코칭 주제 선정과 관련 있는 질문이 바람직하다. 실패, 후회, 고민 등 부정적인 단어가 들어간 질문은 하지 않는 것이 좋다. 최근에 감사한 일, 기쁜 소식, 감동한 영화나 책 등 긍정적인 관점으로 자신을 바라보도록 하는 질문이 라포르 형성에 유익하다.

다섯째, 겸손과 전문성의 균형을 유지하라. 코치는 피코치에게 자기소개를 하되 과도하게 해서는 안 된다. 코치가 전문성을 과시하거나 지나치게 홍보하는 느낌을 주지 않도록 주의해야 한다. 그렇다고 지나치게 자신을 낮추어서도 안 된다. 피코치에게 코치가 실력이 없는 사람이라는 오해를 불러일으킬 수 있기 때문이다. 그래서 사실 기반으로 코칭 자격, 역량 등을 간단하게 소개하고 바로 긍정적인 도입 질문으로 넘어가는 것이 좋다.

추가로 라포르 형성은 다음에서 설명하는 경청, 질문 등의 다른 핵심 기술과도 관련이 있다. 경청 기술에서 귀로 듣고 입으로 듣고 몸으로 듣고 마음으로 듣는다면 라포르 형성을 빠르게, 깊이 할 수 있다. 질문 내용에서도 상대방의 진심을 드러내고, 에너지를 상승시킬 수 있는 질문을 한다면 라포르 형성이 수월하다.

▶ 핵심기술 2 : 주제 선정

코칭 주제 선정은 '목표 설정'의 상위 개념으로 코칭의 방향과 성패를 결정하는 요인이다. 주제 선정을 정확하게 하지 않고 코칭을 진행하면, 피코치는 원하는 결과를 얻지 못할 것이다. 피코치도 코치도 만족하지 못하는 코칭이 된다.

코칭 주제에는 〈표 3〉과 같이 영적, 심리적, 육체적, 사회적 카테고리가 있다.

코칭 주제를 '아젠다'(agenda) 혹은 '이슈'(issue)라고 부른다. 코칭을 3개월 동안 매주 1회, 총 12회 진행한다고 가정해보자. 첫 번째 세션(코칭 시간, 보통 1시간)에서는 '빅 아젠다'를 설정한다. 빅 아젠다는 12세션 전체를 관통하는 포괄적인 주제이다. 코치는 피코치에게 12세션 동안 이루고 싶은 목표를 브레인스토밍 방식으로 생각나는 대로 모두 말하게 한다. 그리고 3개의 카테고리로 분류하게 한다. 3개의 카테고리에 이름을 붙인다. 최종적으로 하나의 문장으로 통합, 압축, 요약하도록 요청한다. 이것을 '빅 아젠다'라

■ 표 3. 주제선정의 카테고리

카테고리	주제	비고
영적	하나님의 뜻	비전, 사명
	영적 성장	예배, 성경 읽기, 기도, 큐티, 새벽기도
	성경과 현실의 가치 충돌	미움, 용서
심리적	부정적 감정 다스리기	불안감, 자존감, 우울감, 불행 모호한 것과 분명한 것, 통제할 수 있는 것과 없는 것. 긍정적인 측변/부정적인 측면
	양자택일 문제	선택기준, 점수 비중, 51대49 문제
	양가감정	변화하고 싶은 행위에 의미 파악하기, 이름 붙이기(네이밍)
육체적	건강과 운동	수면, 휴식
	다이어트	음식
사회적	인간관계 갈등 해결	부모-자녀, 부부, 일터
	좋은 습관 만들기	
	리더십	
	일과 삶의 균형	워크 앤 라이프 밸런스 (Work and Life Balance), 워라밸
	전문성 향상	진학, 전문분야, 자격증
	시간 관리하기	
	올해 목표 이루기	
	조직 비전과 개인 비전 정렬하기	
	정해진 목표를 성취하기 위한 구체적인 실행계획 설립하기	출간 스케줄 짜기

부른다.

두 번째 세션부터 마지막 세션까지는 세션마다 빅 아젠다를 언급한 이후에 세션 주제, 즉 이슈(혹은 아젠다)를 합의하고 목표를 합의한다. 세션별 주제는 첫 세션에서 나왔던 이슈가 나올 수도 있고 새로운 이슈가 나올 수도 있다. 피코치의 선택에 달려있다.

피코치가 코칭 이슈를 표현할 때 가급적 긍정적으로 표현하도록 유도한다. 예를 들어 "직장 동료와 갈등이 심합니다. 갈등을 해결하고 싶어요"라고 코칭 주제를 정하면 "갈등의 원인이 무엇인가요? 그때 감정은 어땠나요?" 등의 부정적인 생각이나 감정을 떠올리게 하는 질문이 자연스럽게 생각난다. 부정적인 단어가 많으면 피코치는 부정적인 생각에 머물러 있고 어두운 감정으로 표현할 수밖에 없다. 이를 긍정적인 표현으로 바꾸면 '직장 동료와 원만한 관계 만들기'가 될 수 있다. 이는 피코치가 코칭받는 목적 혹은 목표가 된다. 긍정적인 표현으로 이슈를 바꾸면 피코치의 관점이 긍정적으로 바뀌고 긍정적으로 생각할 수 있다.

▶ 핵심기술 3 : 경청

경청은 기술 이전에 코치의 성품이요 됨됨이이다. 경청은 코칭의 핵심기술 중에서도 가장 중요한 기술이라 말해도 과언이 아니다. 경청하지 않는 코치는 코치라고 말할 수 없을 정도로 중요하다. 경청은 피코치가 말하고 싶은 것을 넘어 피코치의 마음을 듣는 행위이다. 경청하는 코치는 피코치가 말하는 내용을 듣는 것뿐만 아니라 피코치의 의도, 감정, 마음까지 들을 수 있다.

성경은 "사연을 듣기 전에 대답하는 자는 미련하여 욕을 당하느니라"(잠 18:13)고 자신의 의견을 말하기보다 먼저 상대방의 말을 들어야 함을 강조한다. 사람의 마음은 자기 목소리로 가득하다. 누구나 상대방이 말을 꺼내면 충분히 듣기 전에 자기 생각과 경험을 쏟아 내고 싶은 욕구를 느낀다. 성숙하지 못한 사람은 이러한 욕구를 이기지 못하고 자기 생각을 쏟아내는 어리석음을 반복한다. 자기가 하고 싶은 말을 꾹 참고 상대방의 말을 끝까지 듣는 것은 많은 에너지와 훈련이 필요하다. 경청은 말처럼 쉽거나 간단하지 않다.

이동운은 「코칭의 정석」에서 "코치는 고객이 원하는 것을 들어야 한다. 설령 고객의 니즈가 잘못되었다고 생각하더라도 왜 그렇게 생각하는지 이유를 들어보아야 한다. 끝까지 고객의 니즈에 집중하면 간극을 채워갈 방법을 알게 된다"고 말하면서 경청의 중요성을 강조하였다.

경청이 꼭 필요한 이유를 '메라비언 법칙'에서 발견할 수 있다. '메라비언 법칙'이란 캘리포니아대학교 심리학과 명예교수인 앨버트 메라비언이 발표한 이론이다. 이 법칙에 의하면 말로 전달되는 것은 단 7%에 불과하다는 것이다. 38%는 어조와 억양 등 목소리로 전달되고, 55%는 제스처, 표정 등 보디랭귀지로 전달된다. 효과적인 소통에 있어 말보다 '비언어적' 요소가 차지하는 비율이 무려 93%나 된다. 7%는 들리지만 나머지 93%는 듣기 위해 노력해야 들린다. 귀뿐만 아니라 눈으로 들어야 하고 온몸으로 들어야 한다.

경청의 5단계는 다음과 같다. 1~3단계는 정상적으로 경청하지 않고 있으며, 4~5단계는 정상적인 경청이 일어나고 있다. 4~5단계에 이르러 지속하기 위해서는 절제와 집중의 훈련이 필요하다.

경청 1단계는 '무시하기'이다. 이 단계에 있는 사람은 상대가 하는 말을 실제로는 전혀 듣지 않는다. 듣는 척도 하지 않기 때문에 상대방에게 전달되는 내용이 거의 없고, 대화가 일정 시간 이상 지속될 수 없다. 말하는 사람의 입장에서도 기분이 상하게 된다.

경청 2단계는 '듣는 척하기'이다. 약간의 반응도 하면서 상대방의 이야기를 겉으로 듣는 척한다. 실제로는 자기의 생각 속에 빠져 있기 때문에 이야기의 내용이나 말하는 사람의 감정이 전달되지 않는다. 시간이 지나면서 말하던 사람이 약간 이상하다는 위화감을 느끼게 되어 역시 기분이 상하게 되고, 대화가 단절된다.

경청 3단계는 '선택적 듣기'이다. 듣는 사람이 말하는 이의 전체적인 주제에 집중하는 것이 아니라 자기가 듣고 싶은 부분만 골라서 선택적으로 듣는다. 대화 이후에 말하는 이가 전달한 내용과 듣는 이가 들은 이야기에 차이가 생기게 된다. 말의 전체 메시지를 이해하지 못하고 부분을 전체로 착각하게 된다. 말하는 사람이 "제 말뜻은 그런 의미가 아니었어요"라며 당황하게 된다.

경청 4단계는 '귀 기울여 듣기'이다. 상대방의 말에 주의 깊게 집중하면서 듣는다. 말하는 이가 상대방이 잘 듣고 있다고 느끼게 되어 더욱 편하게 말할 수 있게 된다. 듣는 이도 상대방의 내용을 잘 이해한다. 이 수준은 듣는 이에게 상당한 집중력과 에너지를 요구한다. 이 단계부터는 정상적인 소통이 일어난다.

경청 5단계는 '공감적 경청'이다. 이 수준에서 듣는 이는 상대방을 이해하려는 의도를 가지고, 말의 내용뿐만 아니라 이면에 숨겨진 의미까지 이해하려고 노력하면서 듣는다. 듣는 이는 말하는 이가 왜 이런 말을 하는지 생각하고 자신이 이해한 내용을 상대방에게 적극적으로 확인한다. 말하는 이는 자연스럽게 마음을 열고 점점 더 깊이 소통하게 된다.

경청의 방법에는 '귀로 듣기' '입으로 듣기' '몸으로 듣기' '마음으로 듣기' 네 가지가 있다. '귀로 듣기'에서는 선입견 없이, 해석이나 판단 없이 들리는 그대로 듣는다. 피코치가 말하는 내용에 귀를 기울인다.

'입으로 듣기'에서는 상대방의 말을 계속하도록 맞장구를 치거나 추임새를 하는 격려, 상대방의 말을 사실대로 이해하고 있음을 표현하는 확인, 상대방이 전달하고자 하는 감정을 이해했음을 표현하는 반영, 대화한 내용에 대한 요약 등의 기술이 있다.

'몸으로 듣기'에는 상대방이 취하는 자세, 동작, 얼굴 표정, 음색

격려	● 상대방이 말을 계속하도록 맞장구치거나 추임새를 함. ● 아~ 그렇군요. ● 맞습니다. 그럼요. ● 그거 재미있군요. 잘하셨어요. ● 멋지네요.
확인	● 상대방의 말을 사실대로 이해하고 있음을 표현함. ● 하신 말씀은 ~라는 뜻인 거죠? ● 다른 말로 하면 ~라는 거죠?
반영	● 상대방이 전달하고자 하는 감정을 이해했음을 표현함. ● ~해서 굉장히 힘드셨겠네요. ● 마음이 아프시겠네요. ● 저도 마음이 아프네요.
요약	● 대화한 내용을 요약함. ● 요약하면 ~라는 거죠? ● 제가 잘 이해한 거라면 ~라고 느끼시겠네요.

(출처=BH CONSULTING, 피드백 코칭스쿨)

등을 일치시키는 매칭(Matching), 상대방의 행동을 거울에 비추듯이 똑같이 따라 하는 미러링(Mirroring), 상대방의 신체적, 정서적, 언어적인 분위기를 맞추는 페이싱(Pacing), 상대방과 시선을 맞추며 공감의 의사 표현을 하는 아이 컨택(Eye Contact) 등의 기술이 있다.

경청을 좀 더 적극적으로 하기 위해서 다음과 같은 방법을 사용한다. 몸을 돌려 상대방 바라보기. 배꼽이 상대방을 향하도록 자세 취하기. 미소 건네기. 질문하고 잘 듣고 있다는 반응 보이기. 더 깊이 이해하기 위한 질문 던지기. 상대방에 관한 순수한 관심과 호기

■ 표 5. 몸으로 듣기

매칭 (Matching)	상대방이 취하는 자세, 동작, 표정, 음색 등을 일치시킴
미러링 (Mirroring)	상대방의 행동을 거울에 비추듯이 똑같이 따라 함
페이싱 (Pacing)	상대방의 신체적, 정서적, 언어적인 분위기를 맞춤
아이 컨택 (Eye Contact)	상대방과 시선을 맞추며 공감의 의사 표현을 함

(출처=BH CONSULTING, 피드백 코칭스쿨)

심 유지하기 등이다.

경청에 방해가 되기에 절대로 해서는 안 되는 행위가 몇 가지 있다. 대답을 안 하거나 건성으로 듣기, 눈을 마주치지 않고 무관심한 태도 보이기, 상대를 너무 뚫어지게 쳐다보기, 팔짱 끼거나 손장난하기, 중간에 말 끊기, 지엽적인 내용이나 표현 물고 늘어지기, 말참견하기, 주위를 두리번거리기, 시계를 자주 쳐다보기 등의 행위는 삼가야 한다.

▶ 핵심기술 4 : 질문

코칭을 잘하는 코치는 질문을 잘하는 코치이다. 도로시 리즈는 「질문의 7가지 힘」에서 질문은 보다 나은 방향 혹은 새로운 방향을 제시하기 때문에 중요하다고 말한다. 질문을 바꾸면 세상을 바라보는 관점이 바뀐다. 적절한 질문을 하면 앞을 향해 전진할 수 있다. 보다 나은 질문을 하면 보다 나은 대답이 나오며, 보다 나은 대답을 하면 보다 나은 해결책이 나온다.

신선하고 독창적인 사고를 하기 위한 가장 좋은 방법은 질문하는 것이다. 매일 마주하는 상황을 좀 더 분명히 이해하고, 정서적인 전환점을 마련하기 위한 가장 손쉬운 방법은 질문하는 것이다. 자기에 대해서, 다른 사람에 대해서, 세상에 대해서, 인생에 대해서, 신에 대해서 질문해야 한다. 질문을 좀 더 많이 하면 좀 더 많은 변화의 계기가 만들어진다.

리즈는 질문이 가진 7가지 힘에 대해 다음과 같이 서술하였다.

첫째, 질문하면 답이 나온다. 모든 사람은 질문에 대답하도록 교육받았기에 질문을 받으면 답을 해야 한다고 자동으로 생각한다. 비극이 닥쳤을 때 "왜 하필 나에게 이런 일이 생겼을까?" 아무리 물어도 소용없다. 그 질문에는 답이 없다. 상황을 인정하고 "지금 내가 할 수 있는 일은 무엇인가?"라고 물어야 답이 나온다.

둘째, 질문은 생각을 자극한다. 질문이 사람을 만든다. 성공한 사람과 성공하지 못한 사람의 차이는 질문에 있다. 성공하지 못한 사람은 "왜 하필 나야?"라고 묻는다. 성공한 사람은 이렇게 묻는다. "이 경험을 어디에 어떻게 이용할 수 있을까?" "여기서 무엇을 배울 수 있을까?" 토머스 에디슨은 원하는 결과가 나오지 않을 때 질문했다. "왜 기대했던 결과가 나오지 않았을까? 어떤 가설이 잘못되었을까?" 가정에 대한 질문을 하면 가정을 바꾸게 된다. 그러면 처음과는 전혀 다른 아이디어가 나온다.

셋째, 질문하면 정보를 얻는다. 사람들은 자진해서 말하지 않고 막연하게 말하고 생각한다. 지레짐작해서 이해하고 같은 말을 다른 의미로 해석하기도 한다. 구체적인 정보를 얻기 위해서는 구체적인 질문을 해야 한다.

넷째, 질문하면 통제가 된다. 질문을 하면 감정을 통제할 수 있다. 화나는 상황에서 "이 상황이 정말 내가 화를 낼 만한 가치가 있는 일인가?" 질문하고 "아니다"고 답하면서 심호흡한다. 그러면 마음이 진정된다. 질문은 감정이 우세한 우뇌에서 벗어나 이성적인 사고가 우세한 좌뇌를 사용하게 한다. 점차 객관적인 눈으로 자신이나 상황을 바라볼 수 있게 된다. 나아가 질문을 하면 원하는 방향으로 대화를 이끌어갈 수 있다. 질문을 하면 상대방이 대답을 해야 하기에 동등한 입장에 설 수 있다. 그래서 상황을 좀 더 용이하게 통제할 수 있다.

다섯째, 질문은 마음을 열게 한다. 대부분의 사람이 자신과 자신이 좋아하는 것에 대해 이야기하기를 좋아하기 때문이다. 누군가의 말문을 열고 싶다면 상대방이 편안해하고 자신감 있는 분야에 대해 질문하면 큰 도움이 된다. 또 질문을 하면 상대방은 자신이 관심과 존중을 받고 있다고 느낀다. 그래서 기꺼이 마음을 열게 된다.

여섯째, 질문은 귀를 기울이게 한다. 질문을 통해 상대방에게 관심을 표현할 수 있고, 귀를 기울이면 진심을 더할 수 있다. 상대방이 하는 이야기의 내용뿐만 아니라 의도와 감정까지 들을 자세를 보여주어야 한다. 그러면 상대방은 인정받고 존중받고 있다고 느낄 것이다.

일곱째, 질문에 답하면 스스로 설득된다. 사람들은 상대방의 말보다 자기 말을 믿는다. 고집이 세다. 자신이 옳고 자신의 상황이나 필요에 대해서는 자기보다 잘 아는 사람은 없다고 생각한다. 누가 명령조로 말하면 본능적으로 저항하고 싶어진다. 적절한 질문을 하면 상대방은 그 질문에 대답하면서 자신의 관점을 질문 속에 있는 관점으로 전환하고, 자기가 대답하면서 스스로 설득된다.

우수명은 「질문의 방향」에서 열정을 불러일으키는 강력한 질문은 긍정적인 변화와 성장을 촉진한다고 말했다. 강력한 질문은 사람들이 현재 상태에서 발을 떼고 과감하게 전진하도록 자극하고, 고객이 스스로 대안과 방법을 찾도록 돕는다. 코치의 부정적인 선입견을 반영한 질문, 유도 질문, 뻔한 질문 등은 강력한 힘이 없다.

우수명은 강력한 질문에는 열린 질문, 긍정 질문, 확대 질문, 미래 질문이라는 네 가지 특징이 있다고 설명했다.

'열린 질문'은 상대가 생각하게 이끌고 상대가 자유롭게 말할 수 있게 하는 질문이다. 주로 누가, 언제, 어디서, 무엇을, 어떻게, 왜 등 육하원칙에 기초한 질문이다. 코치는 피코치가 창의적인 생각을 하도록 자극하게 하는 사람이며, 이를 위한 효과적인 방법이 바로 열린 질문이다. 열린 질문은 식상한 답, 뻔한 답이 아니라 피코치의 사고력과 상상력을 자극하여 창조적인 생각을 하도록 돕는다. 반면에 '닫힌 질문'은 '예, 아니요'처럼 단답식으로 답을 하게 만든다. 닫힌 질문은 말하는 사람도 듣는 사람도 재미가 없다. 단답식 대답으로 이어지는 패턴이 반복되면 대화가 힘을 잃고 곧 끊어진다. 피코치의 사고가 확장되지 못하고 에너지도 발생하지 않는다. 닫힌 질문을 주로 하는 코치는 성과를 얻지 못하고 코칭의 기회는 점점 사라진다.

열린 질문	닫힌 질문
● 그것은 당신에게 어떤 의미가 있습니까? ● 당신의 꿈은 무엇입니까? ● 그렇게 생각하게 된 이유는 무엇입니까? ● 좀 더 구체적으로 설명해주세요. ● 당신이 진정 원하는 것은 무엇입니까? ● 그때 기분이 어땠나요?	● 성공하고 싶나요? ● 잘해보고 싶나요? 아닌가요? ● 과제는 했나요?

가정과 교회와 관련하여 다음과 같이 질문할 수 있다.

열린 질문	닫힌 질문
● 한 주간 가장 많이 생각한 것은 무엇인가요? ● 내 마음에 가득한 것은 무엇인가요? ● 지난주일 목사님 설교에서 감동하거나 깨달은 것은 무엇인가요? ● 기도생활, 말씀생활을 습관화할 수 있는 가장 좋은 방법은 무엇인가요? ● 지금까지 남편(아내)과 함께하면서 가장 행복했던 시간은 언제인가요? ● 최근 가정에서 가장 즐거웠던 일은 무엇인가요?	● 지난주일 예배 잘 드렸나요? ● 성경 열심히 읽고 계시죠? ● 새벽 기도는 참석하시나요? ● 목사님 설교 잘 듣고 계시죠? ● 남편(아내)에게 잘하고 있죠? ● 아이들과 잘 놀아주고 있나요?

'긍정 질문'은 말하는 이의 긍정적인 면, 해결할 수 있는 방향, 최선의 선택안 등에 초점을 맞추도록 하는 질문이다. 긍정 질문은 피코치가 어떠한 상황 가운데에서도 가능성, 희망, 밝은 면, 기회를 보도록 돕는다. 반면에 '부정 질문'은 질문 속에 부정적인 느낌, 비판, 책망 등의 느낌이 들어 있다. 부정 질문을 들으면 피코치의 기분은 안 좋아지고 사고는 멈추고 관점은 좁아진다. 긍정 질문을 받으면 잘할 수 있는 이유를 찾게 되고 부정 질문을 받으면 자기를 정당화할 변명거리를 찾게 된다.

긍정 질문	부정 질문
● 성공하기 위한 방법은 무엇입니까? ● 활용할 수 있는 강점은 무엇인가요? ● 언제, 어떤 환경에서 가장 힘이 나나요? ● 지금 할 수 있는 것에는 무엇이 있나요? ● 실패를 여러 번 반복하셨는데, 　그때마다 다시 도전하게 된 힘은 　무엇인가요? ● 일주일 이상 꾸준히 실천하고 있는 것은 　무엇인가요? ● 작년 한 해 동안 이룬 가장 큰 성취 　세 가지는 무엇인가요?	● 실패하지 않으려면 어떻게 해야 하나요? ● 강점을 활용하지 못하는 이유는 　무엇인가요? ● 두려운 이유는 무엇인가요? ● 실패한 원인은 무엇인가요? ● 일주일도 실천을 못하는 이유는 　무엇인가요? ● 왜 못했나요?

가정과 교회와 관련하여 다음과 같이 질문할 수 있다.

긍정 질문	부정 질문
● 남편(아내)의 장점은 무엇인가요? ● 지금까지 결혼 생활 중 배우자가 나를 　가장 행복하게 해준 것은 무엇인가요? ● 배우자와의 관계 개선을 위해 　내가 무엇을 더 할 수 있나요? ● 기도생활을 잘하려면 　어떤 도움이 필요한가요? ● 성경을 매일 꾸준히 읽으려면 　어떤 도움이 필요한가요? ● 매년 초 성경 1독을 꾸준히 도전하는 　이유는 무엇인가요?	● 남편(아내)의 단점은 무엇인가요? ● 배우자가 어떻게 행동할 때 　가장 섭섭하던가요? ● 배우자에게 절대 변화를 기대할 수 　없는 것은 무엇인가요? ● 당신이 불행한 이유는 　누구 때문인가요? ● 기도생활을 잘 못하는 이유는 　무엇인가요? ● 성경을 읽지 않는 이유는 무엇인가요?

'확대 질문'은 피코치가 가진 능력이나 가능성을 확대하는 방향으로 인도하는 질문이다. 확대 질문은 현재 자기 생각보다 더 큰 꿈, 더 큰 계획, 더 큰 목표를 바라보도록 돕는다. 또 좁은 시야에 갇혀 있던 피코치의 의식을 확장하고 새로운 알아차림이 일어나도록 돕는다. 반대로 '축소 질문'은 특정 상황에 갇히게 하고, 시야를 좁게 만든다. '축소 질문'은 창의적인 생각을 막고 자신의 한계에 갇히게 하며 자신이 가진 재능이나 가능성마저 발휘하지 못하게 발목을 잡는다.

확대 질문	축소 질문
● 성과를 10배 더 올릴 수 있는 방법은 무엇입니까? ● 한 번도 시도해보지 않았던 방법이 있다면 무엇입니까? ● 시간과 자원에 제약이 없다면 무엇을 하고 싶으세요?	● 안 되는 이유가 뭔가요? ● 문제가 뭔가요? ● 누구의 책임인가요?

가정과 교회와 관련하여 다음과 같이 질문할 수 있다.

확대 질문	축소 질문
● 배우자에게 한 번도 해보지 않았던 사랑의 표현을 시도한다면? ● 아이가 행복을 느끼는 때는 언제인가요? ● 올해 성경 1독을 한다면 어떻게 해야 할까요? ● 올해 매주 한 구절씩 암송할 수 있는 방법은 무엇인가요? ● 이웃에게 사랑을 실천할 방법은 무엇인가요? ● 하나님은 이 장면을 어떻게 보실까요?	● 부부가 행복하지 못한 것은 누구의 책임인가요? ● 자녀 교육은 누구에게 맡겨야 하나요? ● 새벽 기도를 하지 않는 이유는 뭔가요? ● 신앙생활에 열심을 내지 못하는 이유는 무엇인가요?

'미래 질문'은 과거나 현재가 아닌 미래에 초점을 맞추도록 돕는 질문이다. 이 질문은 현재의 한계나 혼란에서 벗어나 미래의 가능성과 기회에 집중하도록 만든다. 원하는 목표가 달성될 때의 이상적인 모습을 시각화하도록 요청하면 에너지가 솟아오른다. 목표를 이룰 수 있다는 긍정적인 감정을 느끼게 되어 열정이 생긴다. 반대로 '과거 질문'은 과거의 실수나 아쉬운 느낌, 한계에 집중하게 함으로써 에너지를 오히려 빼앗기게 만든다. 피코치가 과거 실패 경험을 떠올리게 하는 질문을 받으면 아쉬움이나 후회, 무력감을 느낄 가능성이 커지고 있던 열정도 사라져버리는 위험이 있을 수 있다.

미래 질문	과거 질문
● 이 주제가 달성되었을 때의 모습을 상상해 보세요. ● 최종적으로 원하는 모습은 무엇인가요? ● 이 주제와 관련하여 3년 후에 자신은 어떤 모습으로 어디에 있을까요?	● 어디서부터 잘못되었나요? ● 그 문제는 언제 시작되었나요? ● 그때 누가 그 문제의 원인을 제공했나요?

가정과 교회와 관련하여 다음과 같이 질문할 수 있다.

미래 질문	과거 질문
● 당신이 생각하는 가장 행복한 가정을 상상해 보세요. 어떤 모습인가요? ● 당신 인생에서 하나님께서 원하시는 것은 무엇일까요? ● 당신을 향하신 하나님의 뜻은 무엇일까요? ● 3년 후 당신은 교회에서 어떤 사역을 하고 있을까요? ● 이 사역을 계속하는 당신은 3년 후 어떤 모습일까요? ● 이 기도 제목이 이루어진다면 당신 삶은 어떻게 달라질까요?	● 가정이 파탄 난 원인은 누가 제공했나요? ● 누가 그 문제에 책임이 있나요? ● 그때 순종하지 못한 이유는 무엇인가요? ● 왜 하나님께 기도하지 않았나요? ● 지금까지 봉사하지 않은 이유는 무엇인가요?

▶ 핵심기술 5 : 인정과 칭찬

인정은 그 사람의 존재(Being) 자체, 즉 현재 모습 그 자체, 가치, 잠재력, 가능성, 성품 등에 초점을 맞춘 것이고, 칭찬은 그 사람의 행동(Doing), 즉 사실, 행동, 성과에 초점을 맞춘 것이다. 인정은 피코치가 위험을 무릅쓰고 도전할 때, 새로운 시도나 노력을 할 때, 계획을 실행했을 때, 에너지가 필요할 때 하면 효과적이다. 인정은 피코치의 강점, 자질, 탁월함, 새로운 모습 등을 발견하고 말로써 표현한다.

칭찬은 피코치가 원하는 것을 이루었을 때, 매력을 드러내었을 때, 관계 형성을 위해 필요할 때 하면 효과적이다. 코치가 보았을 때 긍정적이고 매력적인 모습이나 감동적인 행동을 말로써 표현한다. 인정과 칭찬 모두 진정성이 요구된다. 형식적인 인정과 칭찬은 오히려 관계를 악화시킬 수 있으니 주의해야 한다.

인정과 칭찬은 사람을 움직이고 행동을 강화하는 힘이다. 잘하는 것을 지지하며 인정하면 그 행동을 유지, 강화하여 앞으로 나아가는 에너지를 얻게 한다. 그리고 마침내 목표에 도달할 수 있게 된다.

나는 매일 아침 아들을 깨운다. 안아주기도 하고, 어깨나 팔, 다리를 마사지하면서 아들을 부드럽게 깨운다. 그리고 속삭인다. "아들아, 사랑해." "아빠 아들로 태어나줘서 고마워!" 거의 매일 아침 아들을 깨울 때마다 몸을 마사지하고 인정하는 말을 한다. 아들은 상쾌한 기분과 가뿐한 컨디션으로 하루를 시작한다. 이 시간은 아들에게도 내게도 너무나 행복한 시간이다.

다음은 인정하는 말의 사례이다.

"딸아, 아빠 딸로 태어나줘서 고마워!"

"당신과 함께 있으니 행복하네요."

"나는 네가 자랑스럽다."

"보고 싶다."

"넌 할 수 있어!"

"난 네가 할 수 있을 거라 믿었어!"

"사랑해!"

데일 카네기는 「인간관계론」에서 "솔직하게, 진심으로 인정하고 칭찬하라"고 강조했다. 칭찬할 때는 먼저 상대의 외적인 모습을 칭찬할 수 있다. "오늘 헤어스타일이 참 멋지네요"와 같이 그 사람의 스타일이나 복장, 소유물 등에 관심을 가지고 칭찬한다. 처음 만난 사람에게도 쉽게 할 수 있는 칭찬이다. 다음은 상대방이 성취한 일, 새롭게 시도하는 일, 노력한 일 등을 칭찬할 수 있다. "그때 솔직하게 말씀하시는 것을 보면서 제 속이 다 시원했습니다"처럼 상대방의 행동과 결과를 칭찬한다. 이를 위해서는 상대방을 긍정적인 시각으로 관찰하려는 노력이 요구된다. 마지막으로 인격이나 성품을 인정하고 칭찬할 수 있다. "참 다정한 분이시군요. 말씀을 듣고 제가 큰 위로를 얻었습니다"와 같이 그 사람의 사람됨이나 존재와 관련이 있다. 그 사람을 깊게 알고 있어야만 가능한 칭찬이다.

칭찬은 특별히 증거가 있는 칭찬일 때 강력하다. '가인지 컨설팅

Thanks (감사)	엄마, 제가 힘들 때마다 힘이 되는 말을 해주셔서 감사해요.
Evidence (증거)	제가 고3 때 원하는 대학교에 가지 못했을 때 엄마가 괜찮다고 말해주셨잖아요. 엄마는 제가 건강하고 원하는 일을 하면서 살아가면 최고라고 응원해주셨어요.
Benefit (유익)	그때 엄마의 말이 지금까지 제게 큰 힘이 되고 있어요.

Thanks (감사)	○○야, 어제 방 청소와 빨래를 해줘서 고마워.
Evidence (증거)	아빠가 부탁도 안 했는데, 스스로 알아서 세탁기도 돌리고 청소까지 하는 모습이 훌륭해.
Benefit (유익)	덕분에 아빠, 엄마가 저녁에 퇴근하고 집에 와서 편히 쉴 수 있게 되었어.

Thanks (감사)	지난번 고객 컴플레인에 대해서 협조 요청을 했을 때, 김 대리님이 도와주셔서 고마워요.
Evidence (증거)	저희 팀에서 요청했을 때, 김 대리님이 신속하게 미팅 시간을 잡아주시고 해결책을 주셔서 신속하게 오류를 잡을 수 있었어요.
Benefit (유익)	김 대리님 덕분에 문제가 더 커지기 전에 막을 수 있었고, 손실을 최소화할 수 있었어요.

그룹'에서는 효과적인 칭찬의 방법으로 TEB(Thanks, Evidence, Benefit) 모델을 추천한다. Thanks(감사)는 감사한 일, 도움이 되었던 일, 업무 수행 중 협력받은 일, 새로운 자극이나 인사이트를 받았을 때 감사를 표한다. Evidence(증거)는 감사에 대한 구체적인 증거, 경험, 사례, 사건, 과정, 결과 등이다. Benefit(유익)은 이로 인해 얻게 된 유익, 효과, 발전 방향, 앞으로의 기대이다.

증거가 있는 인정과 칭찬을 하기 위해서는 평소에 주위 사람에게 관심을 가지는 태도가 필요하다. 사람들을 관찰하고 적절한 인정과 칭찬을 하면 관계도 좋아지고 성과도 좋아진다. 기업에서 리더가 팀원에게 피드백을 준 다음에 팀원이 자기 행동을 바꾼다면 그때가 인정과 칭찬을 해야 하는 가장 좋은 타이밍이다. 그러면 팀원은 긍정적인 행동을 강화하고 팀과 기업은 더욱 성장할 수 있게 된다.

▶ 핵심기술 6 : 강점 탐구(AI, Appreciative Inquiry)

케이스 웨스턴 리저브 대학교 경영대학원 교수인 데이빗 쿠퍼라이더(Cooperrider, D.)는 '조직의 역량을 극대화하는 핵심적 긍정 요소를 바탕으로 조직성과를 개선하는 변화관리법'으로 강점탐구 이론을 주장했다. 전통적인 문제 해결식 접근법은 '문제'에 초점을 맞춘다. 개인, 팀, 조직의 문제를 발견하고 분석하다 보니 문제의 원인에 대한 책임 전가, 비판적 태도, 변화에 대한 저항이라는 상황에

직면하게 되었다. 또한 원인을 찾기 위해 과거를 분석하느라 과거에 얽매이는 관점에서 벗어나기 힘들었다. 자연히 미래의 준비보다 과거의 결점과 오류를 보완하고 수정하는 방식으로 문제에 접근하는 한계를 보였다.

'문제 해결식 접근법'은 문제를 규정하고 원인을 분석한다. 그리고 가능한 해결책을 찾아 실행 계획을 수립하고 실천하는 방식으로 진행된다. 이에 비해 '강점 탐구식 접근법'은 최고 상태를 발견하고 가치를 부여한다. 현재 이미 가진 강점을 활용하여 미래 모습을 상상하고, 상상한 모습을 어떻게 이룰지 계획을 세워 실천한다. 결국 개인이나 조직의 성공적인 변화를 위해서는 문제에 집중하는 것이 아니라 가지고 있는 자원과 강점에 집중하는 것이 옳은 방향이라는 것이다.

쿠퍼라이드는 강점 탐구의 의미에 대해 다음과 같이 밝혔다. 강점 탐구는 첫째, 과거와 현재의 성공, 잠재력을 발견하고 인식한다. 둘째, 주변 사람과 환경의 자원과 장점을 발견하고 인식한다. 셋째, 사람들에게 탁월성을 주는 핵심 성공 요인을 발견하고 인식한다.

김영기는 「코칭 대화의 심화 역량」에서 "고객을 발전적으로 변하게 하는 것은 결국 고객의 강점에 대한 탐색에 의해 좌우된다"며 "코치는 고객이 자신도 미처 모르거나 알고 있어도 제대로 발휘하지 못하는 실현되지 않은 강점을 찾도록 도와야 한다"고 강조했다. 피코치는 자신의 강점을 뚜렷하게 인식하지 못할 수도 있고 쉽게 오픈하지 않을 수도 있다. 코치는 질문을 통해 고객 안에 잠재된 강점을 발견하도록 도와 발전의 원동력으로 삼아야 한다.

강점을 발견하기 위하여 다음과 같은 질문을 할 수 있다.

- 이 주제와 관련된 당신의 강점이나 활용 가능한 자원은 무엇입니까?
- 이 주제와 관련된 성공 사례가 있습니까? 성공 요인은 무엇이었습니까?
- 언제 아이디어가 샘솟습니까?
- 당신은 어떤 조건에서 신나게 일합니까?
- 당신의 자랑거리 또는 자부심은 무엇입니까?
- 다른 사람을 효과적으로 도와주었던 경험은 언제입니까?

강점 발견 질문을 받으면 피코치는 에너지가 올라간다. 목소리가 커지기도 하고, 눈이 커지면서 눈빛이 빛나기도 한다. 가슴에 힘이 들어가고 말투에 힘이 들어간다. 피코치의 에너지가 상승하면 함께하는 코치에게도 그 에너지가 충분히 전달된다. 이때 코치는 피코치에게 에너지가 상승하고 있다고 눈빛이 빛난다고 에너지가 흘러넘친다고 말해주어 피코치가 이를 의식할 수 있도록 한다.

▶ 핵심기술 7 : 대화의 주도권 잡기와 내어주기

코칭 프로세스는 코치가 주도하고 이야기 흐름은 피코치가 주도한다. 코칭 대화의 주도권은 누구에게 있는가? 코치에게 있다고 생각하기 쉽다. 이는 반은 맞고 반은 틀리다. 코칭 '프로세스'의 주도권이 코치에게 있다는 점에서 반은 맞다. 훈련된 코치는 코칭 대화의 전체 그림을 피코치 중심으로 부드럽게 그려갈 수 있다. 코치는 코칭 프로세스를 부드럽게 이어갈 수 있어야 한다.

코칭의 형식은 코치가 주도하고 이야기 내용은 피코치가 주도한다. 코치는 물길을 만들어 피코치의 이야기 물줄기가 잘 흘러갈 수 있도록 하는 역할을 한다. 코치가 대화의 전체 그릇을 만든다면, 피코치는 그릇을 채워간다. 이렇게 진행하면 코치가 매번 동일한 코칭 프로세스를 따라 대화를 주도해도 피코치는 코칭 세션이 매번 동일하다는 인상을 받지 않는다. 형식적이지 않고 자연스럽게 피코치가 자신의 이야기를 채울 수 있기 때문이다. 코칭 프로세스 흐름이 좋다면 피코치에게는 매번 새로운 감정이 솟아났다 사라진다. 매번 새로운 생각이 떠오르고 새로운 에너지를 얻게 된다.

코칭 원칙에 80대20 법칙이 있다. 코치는 시간의 20%를 사용하고 피코치가 80%를 사용한다는 원칙이다. 이는 코칭 대화의 시간 배분에 대한 좋은 통찰을 보여준다. 바람직하지 않은 코치는 자기가 모든 것을 주관하고 가르치려고 안달한다. 대부분의 사람이 일방적으로 가르치고 배우는 방식에 익숙하기 때문에 코치나 피코치 모두 코칭 대화가 이런 방식으로 흘러가지 않도록 주의해야 한다.

코치가 프로세스를 주도할 때, 대화의 흐름을 만들어 갈 때 몇 가지 중요한 포인트가 있다. 첫 번째 포인트는 '합의한 주제를 반복해서 언급하기'이다. GROW 프로세스에서 다음 프로세스로 넘어갈 때마다 합의한 주제를 언급하는 것이 필요하다. 대화의 방향을 명확하게 하기 위함이다. 또 GROW 프로세스 각각의 단계 안에서 필요한 때에 합의한 주제를 다시 언급할 필요가 있을 때도 있다. 대화의 흐름을 바꾸고 싶을 때, 대화가 합의한 목표에서 벗어난다고 느낄 때 다시 언급할 필요가 있다. 물론 지나치게 반복하는 느낌이 들지 않도록 빈도를 적절하게 조절해야 한다.

예를 들어 '몸무게 10kg 감량하기'를 목표로 설정하였다고 가정하자. Reality(현실)에서 Option(대안) 찾기 단계로 넘어갈 때 "우리가 지금 '몸무게 10kg 감량하기'를 목표로 대화하고 있는데요"라고 언급하고 "목표와 현실 사이의 차이를 좁힐 방법은 무엇인가요?"라는 방식으로 질문한다. 합의한 목표를 적절하게 언급해야 코치와 피코치가 목표에 집중할 수 있어 대화가 길을 잃지 않고 목적한 바를 이룰 수가 있다.

두 번째 포인트는 '꼬리 무는 질문하기'이다. 각 프로세스에서 대표적인 '핵심 질문'을 한 다음 바로 '다른 핵심 질문'으로 넘어가서는 안 된다. 예를 들어 Reality(현실) 단계에서 "현재 상황에서 목표를 이룰 수 있는 긍정적 요소와 부정적 요소는 무엇인가요?"라는 질문을 했다고 가정해보자. 피코치가 "긍정적인 요소는 다이어트하고 싶은 열망이 있다는 점이고, 부정적인 요소는 음식을 먹고 싶은 욕구를 이기기 힘들다는 점이에요"라고 답했다. 여기서 코치가 "이 목표에 대해 가지고 있는 경험이나 지식은 무엇입니까?"라고 질문하게 되면 피코치는 '이 코치는 내가 말하는 동안에 다음 질문을 생각하고 있구나!'라고 느끼게 된다. 그러면 피코치는 대화하고 싶은 열망이 줄어들게 된다. 코치가 피코치와 함께 춤출 수 없게 된다. 더욱 큰 문제는 이런 방식으로 대화하게 되면 '핵심 질문'이 반복되기 때문에 피코치는 코칭받을 때마다 '코칭이 매번 비슷하다'고 느낀다. 이런 방식으로 코칭받은 피코치는 2~3회 세션을 반복하면 코칭 질문이 예상 가능해지며 지루해진다. 그리고 피코치는 더 이상 코치를 만나야 할 이유가 없어진다.

그러면 '꼬리 무는 질문'을 어떻게 해야 하는가? 피코치는 "긍정적인 요소는 다이어트하고 싶은 열망이 있다는 점이고, 부정적인 요소는 음식을 먹고 싶은 욕구를 이기기 힘들어서 매번 실패했다는 점이에요"라고 답했다면, 코치는 "다이어트하고 싶다는 열망이 들었을 때를 이야기해주세요" 또는 "매번 다이어트에 실패했지만 다시 도전하는 이유는 무엇인가요?"라고 꼬리 무는 질문을 할 수 있다. 특히 "매번 다이어트에 실패했지만 다시 도전하는 이유는 무엇인가요?"라는 질문은 피코치의 실패 속에서 긍정적인 점을 발견하고 연결한다는 점에서 '긍정 접속'이라 부른다. 이렇게 꼬리 무는 질문을 여러 번 하면 피코치는 '코치가 내 말을 진지하게 듣고 있구나!'라고 생각하게 되고, 더욱 신나서 말하게 된다. 또한 긍정 접속을 잘하면 피코치가 새롭고 놀라운 통찰을 얻게 되는 경우가 많다.

'꼬리 무는 질문'을 잘하려면 '알지 못함'(Not-knowing)의 자세를 유지해야 한다. 피코치에 대해 안다고 생각하면 더 이상 궁금해하지 않는다. 질문하지 않는 이유는 피코치에 대한 편견, 넘겨짚기, 지레짐작하기 등의 태도를 가지고 있기 때문이다. 피코치에 대한 호기심, 피코치 안에 있는 무한한 가능성에 호기심을 갖는 것이 질문을 잘하는 비결이다.

피코치의 스토리를 함께 따라가다 보면 진실한 호기심에서 나오는 질문이 있다. 이 질문을 피코치와 함께 나눌 때 피코치의 마음과 코치의 마음에는 공명 현상이 일어나게 되어, 서로에게 큰 울림이 생긴다. 코치와 피코치가 함께 '춤추는 순간'(Dancing in the moment, 그 순간에 함께 춤추기)이 된다. 이 지점에서 코칭은 예술로 승화된다. 피코치에게는 알아차림이 발생하며, 이는 여러 대안과 실행 계획으로 이어지게 된다. 마침내 코치와 피코치는 코칭의 목적을 온전히 이룰 수 있게 된다.

세 번째 포인트는 '피코치의 키워드'를 활용한 '대안 찾기'이다. 피코치가 자주 사용하는 단어나 문장, 혹은 피코치의 에너지가 올라갈 때 사용한 단어를 '피코치의 키워드'라 부른다. Reality(현실) 질문에서 이 키워드를 언급하면서 의식화한다. 키워드를 언급하는 이유는 피코치가 이를 인지하지 못하는 경우도 있기 때문이다. 키워드를 활용한 질문을 하고, 꼬리 무는 질문을 하면서 피코치의 에너지를 상승시킨다.

예를 들어 피코치의 키워드가 '습관'인 경우, "OO님은 습관이란 단어를 많이 사용하는데, 습관이 OO님께 어떤 의미가 있나요?" 이렇게 질문할 수 있다. 피코치가 "습관은 내 일상에 질서를 부여하는 힘입니다"라고 대답한다면, 코치는 "우리가 지금 '몸무게 10kg 감량하기'라는 목표로 대화하고 있는데요. 이 목표를 이루기 위한 습관을 가진다면 어떤 습관을 원하세요?"라고 질문할 수 있다.

'피코치의 강점'을 활용한 '대안 찾기'도 이와 유사한 원리이다. '피코치의 강점'을 활용하여 대안 찾기와 연결하는 것은 피코치의 에너지를 끌어 올릴 수 있는 매우 유용한 방법이다. 예를 들어 '피코치의 강점'이 '성실함'이라면 코칭 대화에서 "이런 점을 보니 집사님의 강점이 성실함인 것 같습니다"라고 인정과 칭찬을 한다. 다음 대안 찾기에서 "집사님의 강점인 성실함을 활용한다면 어떤 대안을 생각할 수 있을까요?"와 같이 질문한다. 강점과 대안 찾기를 연결하거나, 키워드와 대안 찾기를 연결하여 질문하면 피코치가 관점을 전환하고 사고를 확장할 수 있다. 나아가 피코치의 에너지가 상승하며, 피코치 자신도 예상치 못한 대안을 찾을 수 있다.

피코치의 에너지를 끌어올리는 것은 코칭의 목적을 달성하기 위한 필수 과정이다. 다음과 같은 경우 피코치에게 동기부여가 되고 피코치의 에너지가 상승한다.

- 미래 원하는 결과(목표)를 구체적으로 상상할수록 에너지가 상승한다.
- 자신의 존재 목적을 찾으면 에너지가 상승한다.
- 사명이나 비전을 찾으면 에너지가 상승한다.
- 의미, 가치를 찾을수록 에너지가 상승한다.
- 대안을 구체적으로 찾을수록 에너지가 상승한다.
- 인정하고 칭찬하면 에너지가 상승한다.
- 실행 가능성이 높아지면 에너지가 상승한다.
- 사고가 확장되면 에너지가 상승한다.
- 피코치의 키워드와 강점을 발견하면 에너지가 상승한다.
- 피코치의 키워드와 강점을 사용하여 질문하면 에너지가 상승한다.

코칭에서 빠지기 쉬운 함정

초보 코치가 쉽게 빠지는 함정이 몇 가지 있다. 함정에 빠지지 않도록 주의하지 않으면 피코치는 다음 코칭 시간이 기대되지 않을 것이고 코치는 코칭에 대한 자신감과 확신을 잃어갈 것이다.

첫째, 코치가 문제를 직접 해결해주려는 '컨설팅형 코칭'을 지향하지 않도록 주의해야 한다. 사실 피코치가 가져오는 코칭 아젠다가 분명한 문제 해결인 경우가 많다. 피코치는 자신의 아픔과 어려움을 해결하기 위해서 시간과 비용을 지불하고 코칭을 받는다. 피코치가 기대하는 것은 분명하다. 문제 해결이다. 그래서 자연스럽게 문제 해결형 코칭으로 흘러갈 수도 있다.

그럴 때라도 문제를 해결하는 주체는 코치가 아닌 피코치가 되어야 한다. 피코치가 코칭의 주인공이 되어야 한다. 코치는 피코치의 의식을 확장하고 강점을 탐구하여 에너지를 상승시키는 데 집중해야 한다. 그러면 피코치는 스스로 동기부여가 되어 해당 이슈를 주도해 나갈 수 있다. 그래야만 코칭 시간이 끝난 이후, 삶의 현장에서 피코치가 여전히 해당 이슈의 주도권을 가지고 앞으로 나아갈 힘을 가지게 된다.

둘째, '유도 질문'을 하지 않도록 주의해야 한다. 경험이 많은 코치의 경우 코칭 주제와 목표를 정하고 나면 답이 뻔히 보이는 경우가 많다. 예를 들어, 코칭 주제가 '다이어트에 성공해서 건강을 회복하고 싶다'이고, 목표가 '3개월 안에 10kg을 감량하겠다'인 코칭 현장이 있다. 코치 입장에서는 "매주 몇 kg을 빼면 좋을까요?" "살을 빼기 위해 무엇을 해야 할까요?"라고 물으면 피코치는 "매주 1kg씩 감량하면 되겠네요" "운동하고 식사량을 조절하면 될 것 같아요"

라는 방식으로 대답할 수 있다. 코치에게 코칭에 대한 이해가 부족하면 코칭이 이런 방식으로 흘러가게 된다.

이런 방식의 코칭이 반복되면 피코치가 다음 질문을 예상할 수 있다. 피코치가 예상한 대로 흘러가면 관점 전환, 사고 확장, 에너지 상승의 흐름을 얻을 수 없다. 그래서 답을 정해놓고 하는 유도 질문은 코칭에 도움이 되지 않는다. 피코치 입장에서는 굳이 코치에게 와서 코칭을 받을 이유가 없어진다.

다음과 같은 질문을 통해 관점을 전환하고 에너지를 상승시킬 수 있다.

- 다이어트가 〇〇님 인생에 어떤 의미가 있나요?
- 이번 다이어트에 이름을 붙인다면 무엇이라 부르고 싶으신가요?
- 다이어트에 성공하고 나면 〇〇님 인생에 어떤 변화가 생길까요?
- 과거 다이어트에 성공했던 경험이 있다면 그 요인은 무엇인가요?

위와 같은 질문을 통해 다이어트하고 싶은 자기 내면을 깊이 들여다보게 한다. 과거 성공 경험을 통해 자신의 강점을 발견하기도 한다. 이런 질문을 통해 혼자서는 생각지 못했던 생각을 하게 되고,

이는 내면의 에너지 상승으로 이어진다.

셋째, 코치가 자신의 궁금증을 해소하기 위해 '정보 수집형 질문'을 하지 않도록 주의해야 한다. 질문하는 주체가 아무래도 코치이다 보니, 코치 자신이 궁금한 것을 질문으로 해소하려는 경향을 보이기 쉽다. 또 내용을 이해해야 코칭을 더 잘할 수 있다고 생각해서 정보수집형 질문을 하는 경우도 있다. 문제는 피코치가 코치에게 자기 상황을 설명하다가 코칭 시간을 모두 써버릴 수 있다는 점이다.

질문하는 목적은 코치의 궁금증 해소가 아니라 피코치의 관점 전환, 사고 확장, 에너지 상승을 위함이라는 사실을 놓치지 말아야 한다. 피코치가 코치에게 상황 설명하느라 시간을 다 보내게 되면 정작 코칭의 본질적인 활동을 위한 시간이 부족하게 된다. 피코치 입장에서는 '내가 코치에게 왜 이걸 설명하고 있지?'라고 회의를 느끼게 된다. 코치나 피코치 모두에게 유익하지 못한 코칭이 된다.

코칭 대화에서 대화 내용의 주도권은 피코치에게 있다. 이는 '코칭 대화의 80대20 법칙', 즉 피코치와 코치가 대화하는 시간의 비율이 80대20이라는 법칙에 잘 드러난다. 코치의 미덕은 20%의 시간을 활용하여 피코치가 생각을 정리하게 돕고, 피코치가 평소에 생각하지 못했던 관점으로 바라보도록 돕는 데 있다. 코치는 피코치가 사고를 확장하고 피코치의 에너지가 높아지도록 돕는 파트너이다.

코치와 피코치 관계는 마라톤에서 페이스메이커(pacemaker)와 선수의 관계와 같다. 코치는 피코치가 나아가는 방향을 함께 바라보고 피코치의 생각의 속도와 리듬을 조절한다. 피코치의 생각과 감정 속에 머무르며 함께 춤춘다. 코치는 피코치보다 너무 앞서거나 너무 뒤처져서는 안 된다. 피코치에게 지나치게 자세한 설명을 요구하거나 컨설팅하려는 태도는 모두 대화의 주도권을 코치가 가지려는 태도이다. 훌륭한 코치는 피코치가 말하게 하고, 피코치가 말하면서 피코치 자신도 생각하지 못했던 것을 깨닫도록 돕는다.

CHAPTER 03

크리스천 코칭의 근거와 원리를 찾아서

"하나님이 이르시되 우리의 형상을 따라 우리의 모양대로 우리가 사람을 만들고 그들로 바다의 물고기와 하늘의 새와 가축과 온 땅과 땅에 기는 모든 것을 다스리게 하자 하시고 하나님이 자기 형상 곧 하나님의 형상대로 사람을 창조하시되 남자와 여자를 창조하시고"(창 1:26-27).

성경적 인간관과 코칭

코칭을 처음 접하면 얼핏 성경적 인간관과 코칭에서 바라보는 인간관이 충돌하는 것처럼 느껴질 때가 있다. 앞서 언급한 코칭의 세 가지 철학을 다시 확인해보자. 첫째, 모든 사람에게는 무한한 가능성이 있다. 둘째, 그 사람에게 필요한 해답은 그 사람 내부에 있다. 셋째, 해답을 찾기 위해서는 파트너가 필요하다. 코칭 철학은 분명하게 인간의 가능성과 능력을 신뢰한다.

이에 비해 성경은 사람을 '타락한 죄인'으로 바라보며, 전적으로 무능하다고 본다. 하지만 성경을 자세히 살펴보면 성경적 인간관과 코칭 철학이 서로 만나는 부분이 있음을 알 수 있다. '죄인인 인간, 하나님의 형상대로 창조된 인간'이라는 성경적 인간관 두 가지를 자세히 살펴보면서 이를 확인해보자.

성경적 인간관의 핵심 첫째는 '죄인인 인간'이다. 인간은 하나님의 형상으로 창조되었다. 하지만 하나님께 불순종함으로 전적으로 타락하고 부패한 존재로 전락했다. 인간은 자유 의지를 오용하여 하나님과의 관계를 스스로 파괴하였다. 그 결과 인간은 선을 행할 능력을 상실해 버렸고 죄성(죄를 지향하는 성향)을 지니게 되었다. 이것이 타락한 인간의 본성이다.

성경은 하나님 앞에서 올바르게 살아가는 의인이 없음을 선포한다. 하나님뿐만 아니라 사람과도 올바른 관계를 맺는 의인은 없다고 단호하게 선언한다. 신을 찾는 사람도 없고, 선을 행하는 사람도 없다. 사람은 전적으로 부패하였다.

"기록된 바 의인은 없나니 하나도 없으며 깨닫는 자도 없고 하나님을 찾는 자도 없고 다 치우쳐 함께 무익하게 되고 선을 행하는 자는 없나니 하나도 없도다"(롬 3:10-12).

하나님은 인간에게 자유 의지를 주셨지만 자유 의지로 하나님께 불순종하였다. 타락으로 인해 인간은 무죄한 상태에서 타락하여 비참한 상태에 빠지게 되었다.

「웨스트민스터 대요리문답」에서는 이 부분에 대해 다음과 같이 문답하고 있다.

● 문 21. 사람이 하나님께서 그를 최초에 지으실 때의 상태를 계속 유지했는가?

● 답 21. 우리의 첫 조상은 자신들의 뜻대로 행할 수 있는 자유를 가졌지만, 사탄의 유혹을 받아 금단의 열매를 먹음으로써 하나님의 계명을 어겼다. 그럼으로써 그들은 처음 창조함을 받을 때의 무죄한 상태로부터 타락하였다.

● 문 23. 타락으로 인해 인류는 어떤 상태에 처하게 되었는가?

● 답 23. 타락으로 인해 인류는 죄와 비참한 상태에 빠지게 되었다.

● 문 24. 죄는 무엇인가?

● 답 24. 죄는 이성을 가진 피조물에게 법칙으로 주신 하나님의 율법 가운데 그 어느 것이라도 범하는 것이나 순종함에 부족한 것을 말한다.

위와 같은 문답을 보면 성경의 인간관과 코칭 철학이 상충하는 것처럼 보인다. 성경의 인간관과 코칭 철학이 만나는 접점을 확인하기 위해 다음 문답을 살펴보자.

● 문 17. 하나님께서 사람을 어떻게 창조하셨는가?

● 답 17. 하나님께서 모든 다른 피조물을 만드신 이후에 사람을 남자와 여자로 만드셨다. 하나님께서는 땅의 흙으로 사람의 몸을 빚으시고 남자의 갈비뼈로 여자를 빚으셔서 그들에게 살아있는 이성과 죽지 않는 영혼을 부여하셨다. 그리고 지식과 의로움과 거룩함에 있어서 당신의 형상을 가졌으며, 모든 피조물을 다스리는 권세를 가졌다. 또한 그들의 마음속에 하나님의 법을 새기시고 그것을 성취할 능력을 가지게 하셨다. 그러나 그들이 타락할 수도 있게 지으셨다.

성경적 인간관의 핵심 둘째는 '하나님의 형상대로 창조된 인간'이다. 하나님은 하나님의 형상대로 사람을 창조하셨다.

"하나님이 이르시되 우리의 형상을 따라 우리의 모양대로 우리가 사람을 만들고 그들로 바다의 물고기와 하늘의 새와 가축과 온 땅과 땅에 기는 모든 것을 다스리게 하자 하시고"(창 1:26).

피조물 중에서 유일하게 인간만을 '하나님의 형상대로' 창조하셨다. 대요리 문답 17번에도 인간은 "지식과 의로움과 거룩함에 있어서 당신의 형상을 가졌으며, 모든 피조물을 다스리는 권세를 가졌다"라고 가르치고 있다. 이 대목에서 인간을 긍정하는 코칭 철학과 접점이 있다고 볼 수 있다.

하나님의 형상대로 지음받은 인간은 먼저, 영적인 존재라는 의미이다. 하나님은 영이시다(요 4:24). 다른 피조물은 '말씀으로만 명령' 하여 창조하셨다. 인간은 이와 다르게 창조하셨다. 하나님은 첫 사람 아담의 육체를 흙으로 지으시고 코에 생기를 불어넣어주셔서 살아있는 존재(living being, 생령)가 되게 하셨다.

"여호와 하나님이 땅의 흙으로 사람을 지으시고 생기를 그 코에 불어넣으시니 사람이 생령이 되니라"(창 2:7).

인간은 눈에 보이는 육체로만 살아가지 않는다. 인간은 영적인 존재로서 영적인 세계와 영적인 실체를 깨달아 알 수 있다. 영으로 존재하시는 하나님과 교제할 수 있다.

하나님을 닮은 영적인 존재로서 인간은 하나님을 대신하여 세상 만물을 대리 통치하는 권한을 위임받았다. 인간을 '만물의 영장'(靈長, 영묘한 힘을 가진 우두머리)으로 부르게 된 이유이다. 이런 관점에서 하나님은 인간에게 무한한 가능성과 잠재력을 주셨다고 말할 수 있다. 이 부분에서 코칭 철학과의 접점을 발견할 수 있다.

다음으로, 하나님의 형상으로 지음받은 인간은 하나님의 성품을 닮았다.

> "오직 성령의 열매는 사랑과 희락과 화평과 오래 참음과 자비와 양선과 충성과 온유와 절제니 이같은 것을 금지할 법이 없느니라"(갈 5:22-23).

성령의 열매는 아홉 가지라 말할 수도 있고, 하나의 열매에서 아홉 가지 맛이 난다고 비유할 수도 있다. 중요한 점은 성령의 열매는 하나님의 성품을 품고 있다는 점이다. 그래서 성도의 신앙이 자랄수록 성령이 충만할수록 하나님을 닮아 성품이 성숙해야 함이 분명하다. 신앙 성숙과 성품의 성숙은 일치한다.

마지막으로, 하나님의 형상대로 지음받은 인간의 완전한 모델은 하나님의 형상이신 예수님이다. 예수님은 "보이지 아니하는 하나님의 형상이시요 모든 피조물보다 먼저 나신 이"(골 1:15)시다. 하나님의 형상으로 지음받은 인간은 예수님의 모습을 닮아간다. 하나님 형상의 모델이 예수님이라는 사실은 '하나님의 형상을 닮은 인간'을 설명하는 가장 중요한 부분이다. 성경의 이런 인간관이 인간을 긍정하는 코칭 철학과 맞닿아 있다.

크리스천 코칭의 정의와 원리

크리스천 코칭과 일반 코칭을 구분하는 기준은 '하나님과 성경'이다. 크리스천 코칭은 코치와 피코치 모두 크리스천이고 코칭의 원리와 가치를 성경에 둔다.

게리 콜린스는 「코칭 바이블」에서 "크리스천 코칭은 개인 또는 집단을 도와 그들이 현재 있는 지점에서 하나님이 원하시는 지점으로 옮겨 갈 수 있도록 안내하고 힘을 북돋아주는 것"이라고 말했다. 간단하게 줄이면 '크리스천 코칭은 피코치가 현재 모습에서 하나님이 원하시는 모습으로 나아가도록 돕는 것'이라고 정의할 수 있다. 그래서 크리스천 코칭은 사람들이 보다 원대하고 고상하며 영원한 목적, 즉 하나님의 비전을 알아차릴 수 있도록 돕는다.

다음은 크리스천 코칭의 일곱 가지 원리이다.

● 인간은 하나님의 형상으로 창조되었다.
● 인간은 불순종으로 인해 타락했다.

- 예수님 안에 있는 인간을 긍정한다.
- 하나님께서 코치와 피코치에게 개입하신다.
- 하나님의 자원은 무한하며, 하나님은 각 사람에게 자기 몫의 은혜를 예비하셨다.
- 하나님은 각 사람에게 사명을 주셨다.
- 코칭의 기준은 성경이다.

크리스천 코칭의 첫째 원리는 '인간은 하나님의 형상으로 창조되었다'이다. 앞서 언급한 코칭의 세 가지 철학은 '하나님의 형상대로 창조된 인간'의 관점과 정확하게 일치한다. 인간은 하나님의 형상으로 창조되었기 때문에 하나님 안에서 무한한 가능성이 있다. 만물을 다스리고 정복할 힘을 가진 인간은 계속해서 발전할 수 있다. 우리 안에 계신 성령님께서 우리가 나아가야 할 길을 인도해주신다.

"그러나 진리의 성령이 오시면 그가 너희를 모든 진리 가운데로 인도하시리니 그가 스스로 말하지 않고 오직 들은 것을 말하며 장래 일을 너희에게 알리시리라"(요 16:13).

중요한 전제는 '하나님 안에서'이다. 인간이 하나님 안에 있을 때 인간을 긍정할 수 있다. 하나님 밖에 있는 인간은 긍정할 수가 없다. 여기에서 크리스천 코칭의 존재 이유가 분명하게 드러난다. 하나님의 형상으로 지음받은 인간이 하나님 안에서 하나님께서 원하시는 인생을 살고자 코칭을 받는다. 성숙한 크리스천 코치는 피코치의 이러한 필요를 돕는 존재다. 이런 점에서 일반 코칭의 셋째 철학인 '해답을 찾기 위해서 필요한 파트너' 역할을 크리스천 코치가 수행하게 된다.

김학중은 「코칭 리더십으로 교회 살리기」에서 "크리스천 코칭의 원리는 인간은 하나님의 형상이라는 관점에서 출발한다"고 강조했다. 크리스천 코칭에서 인간 존엄성의 근거를 인간이 하나님을 닮았다는 점에 두고 성령이 주시는 은사의 측면에서 인간의 잠재력과 가능성을 발견한다. 이런 관점은 코칭에서 인간의 인격성, 관계성, 창조성에 대한 긍정으로 나타난다. 동시에 인간의 죄성, 부패, 무능력함에 대해서도 결코 간과하지 않는다는 점에서 일반 코칭과 크리스천 코칭의 차이가 드러난다.

크리스천 코칭의 둘째 원리는 '인간은 불순종으로 인해 타락했다'이다. 사탄의 유혹에 넘어간 아담과 하와는 하나님의 명령을 어겼다. 선악을 알게 하는 나무의 실과 속에 사람을 죽이는 독이 있어서 사람이 죽게 된 것이 아니다. 하나님의 명령을 어겼기 때문에 사람은 하나님과 영적으로 단절되었고 육체적으로는 죽음을 맞이하게 되었다. 지금 사람이 하나님 말씀에 불순종한다면 자기 손으로 직접 선악과를 따먹은 것이라고 말할 수 있다. 불순종으로 인해 '하나님의 형상'은 깨어졌다.

크리스천 코칭의 셋째 원리는 '예수님 안에 있는 인간을 긍정한다' 이다. 인간은 복음 안에서 예수님의 십자가와 복음을 힘입어야만 하나님의 형상을 회복할 수 있다. 그리스도는 하나님의 형상이시다 (고후 4:4). 그리스도 안에 있을 때 인간은 참 자아를 발견할 수 있다. 참된 인생을 살아갈 힘을 얻는다. 그리스도 밖에 있는 인간은 깨어진 신의 형상을 회복하지 못한다.

인간의 타락은 역설적으로 하나님을 더욱 열망하게 만들고 하나님 안에 있는 인간을 더욱 강렬하게 긍정한다. 하나님과 친밀한 관계성을 회복한 인간만이 창조의 목적과 의미를 지닌 채 온전히 살아갈 수 있다. 예수님 안에 있는 인간은 삶을 긍정한다.

크리스천 코칭의 넷째 원리는 '하나님께서 코치와 피코치에게

■ 그림 2. 하나님, 코치, 피코치의 관계도

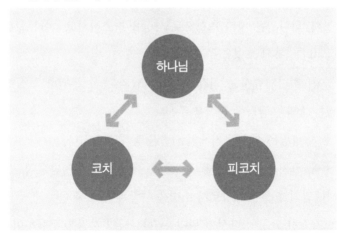

개입하신다' 이다.

크리스천 코칭에서 하나님, 코치, 피코치는 서로 영향을 주고받는다. 하나님은 코치와 피코치에게 영감을 주어 삶의 방향을 인도하신다. 하나님은 코치를 통해 피코치의 생각을 일깨우고 사고를 확장하며 긍정적인 관점을 갖게 만들고 에너지를 상승시키신다. 하나님은 피코치 마음속에 하나님께서 원하시는 곳으로 가고자 하는 동기를 불어넣어주신다. 코치는 피코치가 하나님께서 원하시는 곳으로 갈 수 있도록 돕는 과정을 통해 자신도 하나님께서 원하시는 곳으로 갈 수 있게 된다. 코치는 코칭 과정을 통해 자신도 성장하고 하나님 뜻을 이루어 가게 된다.

'크리스천 코칭의 철학'과 관련하여 국제크리스천코치협회(ICCF) 협회장이자 감사연구소 소장 한건수는 '하나님, 코치, 고객(피코치)의 관계'를 다음과 같이 설명하였다.

첫째, 하나님은 자기 형상으로 사람을 창조하시고, 하나님께 영광 돌리라는 복된 소명을 주셨다.

둘째, 하나님께서는 인간에게 하나님의 뜻을 분별하고 실행할 수 있는 소명을 감당할 능력을 주신다.

셋째, 성령은 성숙한 지체인 사람을 통해 일하신다.

넷째, 코치는 하나님 능력의 통로, 즉 도구로 쓰임받으며, 성도가 하나님의 헌신된 제자로서 소명을 다할 수 있도록 돕는다.

크리스천 코칭의 다섯째 원리는 '하나님의 자원은 무한하며, 하나님은 각 사람에게 자기 몫의 은혜를 예비하셨다' 이다. 하나님은 각 사람에게 배우자와 가족을 예비하셨다.

> "네 헛된 평생의 모든 날 곧 하나님이 해 아래에서 네게 주신 모든 헛된 날에 네가 사랑하는 아내와 함께 즐겁게 살지어다. 그것이 네가 평생에 해 아래에서 수고하고 얻은 네 몫이니라"(전 9:9).

하나님께서는 사랑하는 배우자와 함께 이 세상에서 행복하게 사는 것을 모든 사람에게 각자의 몫으로 주셨다.

재능과 적성을 따라서 선택한 직업 활동 또한 하나님께서 각 사람에게 주신 몫이다.

> "그러므로 나는 사람이 자기 일에 즐거워하는 것보다 더 나은 것이 없음을 보았나니 이는 그것이 그의 몫이기 때문이라"(전 3:22).

사람을 노력하게 하는 선한 경쟁 자체는 필요하다. 하지만 다른 사람과 경쟁하지 않아도 내가 누릴 몫은 있다. 다른 사람이 좋은 것을 누린다고 내 것을 빼앗아 가는 것이 아니다. 다른 사람이 좋은 것을 누린다고 내가 누리지 못하는 것도 아니다.

사회 속에서 함께 살아가는 인간들은 작게는 경쟁자이지만, 크게는 협력자이다. 하나님의 자원은 무한하기 때문이다. 아버지 되신 하나님께서 가정과 일터 속에서 각 사람이 누릴 자기 몫을 예비하셨다. 많은 사람이 비교 의식, 경쟁의식에 사로잡혀 인생을 낭비한다. 하나님의 능력도 모르고 하나님의 뜻도 몰라서 그렇다. 이 세상 모든 것이 하나님의 것이다.

"하늘이 주의 것이요 땅도 주의 것이라 세계와 그중에 충만한 것을 주께서 건설하셨나이다"(시 89:11).

크리스천 코칭의 여섯째 원리는 "하나님은 각 사람에게 사명을 주셨다"는 것이다. 무한한 자원을 가지신 하나님께서 각 사람에게 사명을 주셨고 그 사명을 감당할 능력을 주셨다. 하나님께서 우리에게 주신 사명을 찾고 성취하는 데 집중하면 하나님을 기쁘시게 하는 최고의 삶을 살 수 있다.

사명은 고유하다. 각자 다르기에 다른 사람과 비교할 필요가 없다. 다른 사람의 사명, 다른 사람이 받은 능력, 다른 사람의 인생과 비교할 필요가 전혀 없다. 예수님을 세 번 부인했다가 다시 주님과의 사랑을 회복한 베드로가 자신만의 사명을 받았다.

"내가 진실로 진실로 네게 이르노니 네가 젊어서는 스스로 띠 띠고 원하는 곳으로 다녔거니와 늙어서는 네 팔을 벌리리니 남이 네게 띠 띠우고 원하지 아니하는 곳으로 데려가리라. 이 말씀을 하심은 베드로가 어떠한 죽음으로 하나님께 영광을 돌릴 것을 가리키심이러라. 이 말씀을 하시고 베드로에게 이르시되 나를 따르라"(요 21:18-19).

베드로는 주님께서 주신 영광스러운 순교자의 사명을 받았다. 예수님은 베드로에게 십자가의 길을 묵묵하게 따르라고 명령하셨다.

그런데 갑자기 베드로는 사도 요한의 사명에 관심을 보였다. 베드로는 주님께 "주님 이 사람은 어떻게 되겠사옵나이까"(요 21:21)라고 여쭈었다. 주님은 "내가 올 때까지 그를 머물게 하고자 할지라도 네게 무슨 상관이냐 너는 나를 따르라"(요 21:22)고 대답하셨다. 주님은 단호하게 자신과 상관이 없는 일에 관심 두지 말고 자기 사명에 집중하라고 말씀하셨다. 모든 것에 신경 쓰기에 인생은 너무 짧다. 주님께서 나에게 주신 사명에 집중해야 한다. 다른 사람의 사명이 아무리 영광스럽더라도 나와는 상관이 없다. 크리스천 코칭의 목적은 하나님이 주신 사명을 발견하고 순종하도록 돕는 데 있다. 하나님이 주신 사명이 바로 하나님이 원하시는 지점이다.

크리스천 코칭의 일곱째 원리는 '코칭의 기준은 성경이다' 이다. 성경은 첫째부터 여섯째 원리까지 모든 원리를 관통하고 통일성을 부여하는 기준이 된다. 크리스천 코치가 코칭할 때 성경 말씀과 피코치의 삶을 연결하는 질문을 하도록 노력해야 한다. 코치가 성경을 기준으로 질문하고 격려하고 위로할 때 영적인 에너지가 피코치에게 흘러 들어간다. 피코치인 성도 역시 말할 때 성경 말씀을 인용하여 생각하고 말해야 한다. 대화의 끝에는 성경 말씀이 남아야 한다. 대화의 결과는 하나님 뜻과 삶이 맞닿아 있어야 한다.

성경 말씀은 우리 삶의 기준이 된다. 성경은 하나님의 영감으로 기록되어 우리를 변화시키는 힘이 있다. 성경은 우리를 온전하게 하며, 하나님의 뜻을 행할 능력을 주신다.

"모든 성경은 하나님의 감동으로 된 것으로 교훈과 책망과 바르게 함과 의로 교육하기에 유익하니 이는 하나님의 사람으로 온전하게 하며 모든 선한 일을 행할 능력을 갖추게 하려 함이라" (딤후 3:16-17).

황규명은 「성경적 상담의 원리와 방법」에서 디모데후서 3장 16~17절을 설명하면서 다음과 같이 성경의 중요성을 강조했다.

"하나님 말씀은 실천적이며 기능적이다. '교훈'은 우리가 행하여야 할 기준을 의미하고, '책망'은 그 기준에 맞게 행하지 못했을 때 잘못을 깨닫게 해주는 것이다. 잘못을 아는 것만으로는 충분하지 않다. 교정하고 변화되어야 한다. '바르게 함'은 어떻게 하는 것이 올바른 변화인지 지도해주는 것이다. 바르게 하는 것이 어떤 것인지 아는 것으로도 아직 충분하지 않다. 그것을 실천하고 유지해야 한다. 그래서 '의로 교육하기'가 필요하다. 이것은 훈련한다는 뜻이 내포되어 있다."

성경이 우리 삶의 기준이 될 때 비로소 우리는 하나님의 뜻대로 살아갈 수 있다. 성경이 기준이 되는 코칭은 하나님의 뜻이며, 축복인 것이 분명하다.

코칭의 모델이신 삼위일체 하나님

삼위일체 하나님은 다양한 방식으로 일하신다. 그 방식 중 하나가 코칭이다. 특히 코칭의 핵심적인 기술 중 질문, 인정과 칭찬, 강점 탐구 등의 특징을 보여주는 성경 본문이 많다.

코치이신 성부 하나님
먼저 구약에서 하나님은 코칭의 다양하고 좋은 모델을 보여주신다. '모세'라는 이름은 물에서 건져냄을 받았다는 뜻이다. 이는 모세가 아기일 때 물에서 건짐을 받아 살았고, 하나님께서 모세를 통하여 이스라엘 백성 전체를 구원하시겠다는 의미가 숨어 있는 이름이다.
모세는 나이 40세에 하나님의 부르심을 인식하였다. 하나님께서 자신을 통해 이스라엘 민족을 구원하실 것을 모세는 알고 있었다. 모세는 소위 소명 의식이 있었다.

"모세가 애굽 사람의 모든 지혜를 배워 그의 말과 하는 일들이 능하더라. 나이가 사십이 되매 그 형제 이스라엘 자손을 돌볼 생각이 나더니 한 사람이 원통한 일 당함을 보고 보호하여 압제받는 자를 위하여 원수를 갚아 애굽 사람을 쳐 죽이니라. 그는 그의 형제들이 하나님께서 자기의 손을 통하여 구원해주시는 것을 깨달으리라고 생각하였으나 그들이 깨닫지 못하였더라"(행 7:22-25).

모세는 '자기 손'으로 소명을 이루고자 하였다. 하지만 하나님의 계획은 달랐다. '모세의 손'이 아니라 '하나님의 강한 손'으로 이스라엘 백성을 해방시킬 계획을 가지고 계셨다. 하나님은 "강한 손과 편 팔과 큰 위엄과 이적과 기사로"(신 26:8) 이스라엘 백성을 가나안 땅으로 인도하고자 원하셨다. 모세는 하나님 뜻을 이루기 위해 하나님 손에 사로잡힌 '도구'였을 뿐이다.

모세는 애굽 사람을 죽인 사건으로 인하여 미디안 땅으로 쫓겨 갔다. 그리고 하나님께서 다시 부르시기까지 40년을 기다렸다. 드디어 80세 된 모세에게 하나님은 호렙산 불타는 떨기나무 가운데서 나타나셨다. 하나님은 자신을 "나는 네 조상의 하나님이니 아브라함의 하나님, 이삭의 하나님, 야곱의 하나님이니라"(출 3:6)고 소개하셨다. 하나님을 만난 모세는 두려워 얼굴을 가렸다.

하나님은 모세에게 다음과 같이 말씀하시면서 사명을 주셨다. "이제 내가 너를 바로에게 보내어 너에게 내 백성 이스라엘 자손을 애굽에서 인도하여 내게 하리라"(출 3:10). 하지만 모세는 스스로 자격이 없다고 말했다. "내가 누구이기에 바로에게 가며 이스라엘 자손을 애굽에서 인도하여 내리이까?"(출 3:11). 또 자기는 하나님에 대해서 아는 지식이 없다고 말했다. 하나님은 모세에게 "나는 스스로 있는 자이니라. 또 이르시되 너는 이스라엘 자손에게 이같이 이르기를 스스로 있는 자가 나를 너희에게 보내셨다 하라"(출 3:14)고 대답하셨다. 하나님은 모세가 제기하는 질문이나 변명을 경청하며 하나씩 친절하게 답변해주셨다. 하지만 모세는 끊임없이 변명을 이어갔다. "그러나 그들이 나를 믿지 아니하며 내 말을 듣지 아니하고 이르기를 여호와께서 네게 나타나지 아니하셨다 하리이다"(출 4:1). 모세는 하나님께서 자신을 보내도 막상 사람들이 자신을 믿지 않으면 어떻게 하냐고 항변하였다.

이 대목에서 하나님은 절묘한 질문을 모세에게 하셨다. "네 손에 있는 것이 무엇이냐?"(출 4:2). 모세는 "지팡이입니다"라고 답했다. 하나님은 모세에게 지팡이를 땅에 던지라고 하셨다. 모세가 그것을 땅에 던지니 지팡이는 뱀이 되었다. 모세가 하나님 명령을 따라 뱀의 꼬리를 잡으니 모세의 손에서 뱀은 다시 원래대로 지팡이가 되었다.

하나님은 질문을 통하여 '내가 가진 것'에 집중하게 하셨다. 자신이 가진 지팡이같이 하찮은 물건도 놀라운 기적의 도구로 사용하실 수 있다는 것을 모세가 깨닫게 하셨다. 사실 말씀으로 천지를 창조하시는 하나님의 일하심에는 한계가 없으시다. 환경에도, 도구에도, 사역자에게도 제한받지 않으신다. 그러나 사람이 이해할 수 있도록, 사람이 하나님의 일하심을 생생하게 체험할 수 있도록 스스로를 제한하신다. 하나님은 모세의 손에 있는 것이 무엇인지 물어보셨다. 내 손에 쥔 것이 무엇이든지 그것이 바로 하나님 역사하심의 통로가 될 수 있다.

한기채는 「하나님의 위대한 질문」에서 "사람은 '없는 것'을 먼저 보지만, 하나님은 '있는 것'을 쓰신다"고 했다. 하나님은 우리에게 없는 것을 찾으시는 분이 아니다. 있는 것을 새롭게 발견하게 하시고 요구하신다. 우리는 부름받았을 때 없는 것부터 생각하게 된다. "저는 이 일을 행할 능력이 없어요.""저는 시간이 없어요.""저는 경험이 없어요.""저는 돈이 없어요." 하나님 앞에서는 모두 변명일 뿐이다. 하나님은 "네 손에 가진 그것이 무엇이냐?"라고 질문하실 뿐이다.

내 손에 가진 그것이 무엇이든지 하나님은 그것을 통해 놀라운 일을 행하신다. 내가 하나님의 손에 붙들림받아야 한다. 어떤 도구든 누구 손에 붙들리는가가 중요하다. 날카로운 칼이 의사의 손에 붙들리면 사람을 살리고 강도의 손에 붙들리면 사람을 죽이는 것과 같다. 하나님은 "너는 이 지팡이를 손에 잡고 이것으로 이적을 행할지니라"(출 4:17) 하셨고, 모세가 이 말씀을 따라 지팡이를 잡았을 때 그 지팡이는 '모세의 지팡이'가 아니라 '하나님의 지팡이'(출 4:20)가 되었다.

코치이신 성자 예수님

성자 예수님 또한 코칭의 좋은 사례를 많이 보여주셨다. 예수님의 공생애는 베드로의 신앙고백 이전과 이후로 나뉜다. 예수님은 빌립보 가이사랴 지방에 이르러 제자들에게 "사람들이 인자를 누구라 하느냐?"(마 16:13)라고 질문하셨다. 이전에 예수님은 많은 사람을 치유하고 귀신을 쫓고 설교를 하셨다. 많은 사람을 직접 만나 진리를 가르치셨다. 특히 예수님은 세리와 죄인의 친구라고 불리실 정도로 소외된 계층을 찾아가기에 주저하지 않으셨다. 이런 이유로 많은 사람이 예수님에 대해 각자 생각하는 바를 주장했다.

어떤 이들은 예수님이 부활한 세례 요한이라고 생각했다. 세례 요한과 예수님은 비슷하게 '회개하라 천국이 가까이 왔느니라'고 외쳤기 때문이다. 어떤 이는 예수님이 엘리야와 같다고 생각했다. 엘리야는 하늘에서 불이 내려오는 기적을 행했던 사람이다. 예수님께서도 오병이어, 귀신 축출, 질병 치유, 물 위를 걸으심 등 수없이 많은 기적을 행하셨기에 사람들이 자연스럽게 예수님을 보면서 엘리야를 연상하게 되었다. 또 어떤 이는 예레미야나 선지자 중의 한 사람이라고 말했다. 예레미야는 이스라엘의 멸망을 예언한 선지자였다. 예수님께서도 열매 맺지 못하는 무화과를 저주하신 사건 등을 통해서 열매 없는 이스라엘의 모습을 애통해하셨다. 우는 자들과 함께 우시며 사람들을 불쌍히 여기시는 모습을 종종 보이셨다. 제자들은 다른 사람들이 예수님을 이렇게 생각한다고 예수님께 전했다. 예수님은 사람들의 이러한 답변에 만족하실 수 없었다. 사람들 사이에 떠도는 말은 틀린 말은 아니었지만 예수님이 누구신지 핵심을 짚어내지 못했기 때문이다.

예수님께서는 자신이 진실로 누구인지 알아주길 원하셨다. 그래서 제자들에게 다시 질문하셨다. "너희는 나를 누구라 하느냐?"(마 16:15). 예수님은 제자들이 자기를 어떻게 생각하는지를 알고자 하셨다. 예수님의 진짜 관심은 바로 제자들 생각이었다. 시몬 베드로가 대답하였다. "주는 그리스도시요 살아 계신 하나님의 아들이시니이다"(마 16:16). 주님은 "시몬아 네가 복이 있도다. 이를 네게 알게 한 이는 혈육이 아니요 하늘에 계신 내 아버지시니라"(마 16:17)고 말씀하시면서 기뻐하셨다.

베드로의 고백은 역사적인 순간을 만든 역사적인 고백이었다. 예수님의 사역은 이 고백 이전과 이후로 나눌 수 있다. 이후 예수님은 예수님이 누구신지, 어떤 목적으로 오셨는지 제자들이 좀 더 온전하게 이해할 수 있다고 생각하시고, 1, 2, 3차 수난 예고를 하신다. 이스라엘 사람들의 메시야관은 '통치자' '정복자' '왕' 의 이미지였다. 신앙 고백 이후로 주님은 사람들의 죗값을 대신 치르기 위해

오신 '고난받는 메시야'를 명확하게 가르치셨다.

예수님은 세례 요한에게 세례받으시고 공생애를 시작하셨다. 12명의 제자를 부르시고 3년 반 동안 동고동락하면서 제자를 양육하셨다. 예수님의 교육 방식은 '질문하고 가르치는 것' '삶의 본을 보여주고 따라 살도록 하는 것'이었다. 한마디로 '삶의 본을 통한 코칭'이라고 말할 수 있다. 예수님은 제자들에게 일방적인 주입식 교육은 하지 않으셨다. 늘 질문하셨고 사람들, 특히 제자들의 답변을 진지하게 경청하셨다.

스탠 거쓰리는 「예수님의 모든 질문」에서 예수님이 300번 이상 질문하셨다고 말했다. 예수님은 뻔한 답변을 유도하지 않으셨다. 제자들이 자유롭게 자기 생각을 말할 수 있도록 하셨다. 그리고 하나님 마음을 깨닫도록 이끄셨다. 예수님의 질문은 허를 찌르는 질문, 두고두고 생각하게 하는 질문, 쉽게 대답하기 어려운 질문이 많았다. 예수님은 제자들이 스스로 생각하고 깨달음을 얻고 스스로 믿음의 결단을 하도록 질문을 사용하셨다. 물론 질문에 반응하는 모든 과정을 성령께서 주도하시고 인도하신다.

김학중은 「코칭 리더십으로 교회 살리기」에서 "예수님의 질문은 능력 있는 질문"이라고 강조하였다. "예수님은 역사상 가장 탁월한 코치셨다. 예수님은 제자들을 가르치고 세우는 일에 코칭을 사용하셨다. 예수님은 제자들이 해야 할 일의 모델이셨다. 예수님은 제자들이 나아갈 방향을 보이셨고, 제자들의 성장을 도우셨다. 예수님은 제자들의 오해를 교정하셨고, 참다운 격려와 용기를 주셨다."

마태복은 28장의 지상사명은 '제자 삼으라는 명령'이다.

"예수께서 나아와 말씀하여 이르시되 하늘과 땅의 모든 권세를
내게 주셨으니 그러므로 너희는 가서 모든 민족을 제자로 삼아
아버지와 아들과 성령의 이름으로 세례를 베풀고 내가 너희에게
분부한 모든 것을 가르쳐 지키게 하라. 볼지어다. 내가 세상 끝
날까지 너희와 항상 함께 있으리라 하시니라"(마 28:18-20).

제자 삼는 사명을 수행하는 구체적인 방법은 여러 모습이다. 예
수님께서 제자 삼았던 여러 가지 방법 중 중요한 한 가지는 코칭이
었다.

코치이신 성령 하나님

성령님은 코칭의 좋은 모델이시다. 성령님의 역할 중 하나에 코
칭이 있음이 분명하다.

"보혜사 곧 아버지께서 내 이름으로 보내실 성령 그가 너희에게
모든 것을 가르치고 내가 너희에게 말한 모든 것을 생각나게 하
리라"(요 14:26).

성령께서 하시는 역할이 예수님의 말씀을 가르치고 생각나게 하시는 것이다. 인간의 지성이 유한하고 오류가 많아 '때를 따라 양식'(마 24:45)을 먹어야 한다. 때를 따라 말씀으로 역사하시는 성령의 인도하심을 받아야 한다는 의미이다. 성령을 힘입어야만 성경의 참되고 깊은 의미를 깨달을 수 있고 행할 수도 있다.

성령께서 우리를 '모든 진리' 가운데로 인도하신다.

"그러나 진리의 성령이 오시면 그가 너희를 모든 진리 가운데로 인도하시리니 그가 스스로 말하지 않고 오직 들은 것을 말하며 장래 일을 너희에게 알리시리라"(요 16:13).

우리 삶의 '모든 영역'에서 성령님은 진리를 따라 살아갈 수 있도록 인도하신다. 성령님은 우리 삶의 '모든 영역'에서 코치가 되신다.

스데반의 순교 이후 예루살렘에 큰 박해가 임했다. 사도들 외에는 다들 유대와 사마리아 모든 땅으로 흩어졌다. 그 와중에 하나님께서는 천사를 통해 빌립에게 지시하셨다. "주의 사자가 빌립에게 말하여 이르되 일어나서 남쪽으로 향하여 예루살렘에서 가사로 내려가는 길까지 가라 하니 그 길은 광야라"(행 8:26). 하나님은 빌립을 사람이 없는 광야로 인도하셨다. 빌립은 광야에서 에디오피아 여왕 간다게의 모든 국고를 맡은 고위 관리인 내시를 만났다. 그는 예루살렘에 예배하러 왔다가 돌아가는 길이었다.

성령께서는 빌립에게 "이 수레로 가까이 나아가라"고 하셨다. 빌립이 가까이 가자 내시가 선지자 이사야의 글을 읽는 것을 듣고 "읽는 것을 깨닫느냐?"라고 말했다. 내시는 "지도해주는 사람이 없으니 어찌 깨달을 수 있느냐"고 대답했다. 빌립은 이사야의 말씀을 시작으로 내시에게 예수님의 복음을 전했다.

성령께서 빌립의 삶과 사역을 온전히 주관하고 계셨다. 성령께서 우리 삶과 사역을 코칭하고 인도하신다면 우리 삶과 사역 또한 빌립과 같아질 것이다. 하나님 뜻이 온전히 이루어지는 사역, 성령께 온전히 사로잡힌 삶이 될 것이다. 성령님은 우리 삶의 인도자이시자 코치이시다.

성경 안에서의 코칭 사례

코치 이드로

이드로는 구약에서 코치의 모델이 되는 대표적인 사람이다. 모세의 장인이 이드로는 어느 날 모세의 가족을 데리고 모세를 방문하였다. 모세는 여호와께서 이스라엘을 위하여 바로와 애굽 사람에게 행하신 모든 일과 길에서 그들이 당한 모든 고난과 여호와께서 그들을 구원하신 일을 다 그 장인에게 말하였다(출 18:8). 이드로는 "여호와를 찬송하리로다. 너희를 애굽 사람의 손에서와 바로의 손에서 건져내시고 백성을 애굽 사람의 손 아래에서 건지셨도다"(출 18:10) 하며 여호와의 이름을 높였다.

다음날 모세가 백성을 재판하려고 앉아 있고 백성들은 모세의 곁에 섰다. 이드로는 모세가 백성에게 행하는 일을 지켜보고 모세에게 질문하였다. "네가 이 백성에게 행하는 이 일이 어찌 됨이냐. 어찌하여 네가 홀로 앉아 있고 백성은 아침부터 저녁까지 네 곁에 서 있느냐?"(출 18:14). 모세는 대답하였다. "백성이 하나님께 물으려고 내게로 옴이라. 그들이 일이 있으면 내게로 오나니 내가 그 양쪽을 재판하여 하나님의 율례와 법도를 알게 하나이다"(출 18:15-16).

여러 대화가 오고 간 후, 이드로는 모세에게 두 가지 방법을 제안하였다. 하나는 '백성들에게 율례와 법도를 가르쳐서 마땅히 갈 길과 할 일을 알려주는 것'이며, 또 다른 하나는 '온 백성 가운데서 능력 있는 사람들 곧 하나님을 두려워하며 진실하며 불의한 이익을 미워하는 자를 살펴서 백성 위에 세워 천부장과 백부장과 오십부장과 십부장을 삼아 재판하게 위임하는 것'이었다. 이드로는 작은 사건은 그들이 재판하고, 큰 사건만 모세가 재판하도록 권했다. 모세는 장인의 말을 듣고 그대로 행했다. 이후 출애굽기 20장에서 모세는 하나님께로부터 받은 십계명과 율법을 선포함으로 하나님의 '율례와 법도'를 가르쳤다. 이를 통해 하나님은 이드로가 제안한 방법이 하나님에게서 왔음을 드러내셨다.

이드로는 모세의 삶과 사역 가운데 하나님의 뜻을 발견할 수 있도록 돕고 하나님의 영감을 힘입어 모세에게 해결책을 제안하였다. 이드로는 모세의 사역 가운데 하나님께서 이루고자 하시는 것, 하나님께서 모세를 데려가고자 하시는 곳까지 모세가 갈 수 있도록 도왔다.

코치 바나바

바나바는 신약에서 코치의 모델이 되는 대표적인 사람이다. 바나바의 원래 이름은 요셉이다. 사도들이 그에게 바나바라는 이름을 붙여주었다. 바나바는 '위로의 아들'이라는 뜻이며, 개역한글판에는 '권위자', 곧 '권면하고 위로하는 자'라고 기록되어 있다. 사람이 얼마나 착하고 좋은 사람이었으면 사도들이 나서서 별명을 '위로하는 자'라고 붙여주었을까 싶을 정도이다. 바나바는 다른 사람에게 힘을 주는 사람, 격려하고 위로하는 사람, 세워주는 사람이었다. 후에는 "바나바는 착한 사람이요 성령과 믿음이 충만한 사람이라. 이에 큰 무리가 주께 더하여지더라"(행 11:24)라며 그의 성품이 사역에까지 큰 영향을 미쳤다고 기록하고 있다.

바나바는 먼저 바울을 살렸다. 바울이 사울이었을 때 그는 교회를 핍박하는 자였다. 그는 스스로 "내가 전에는 비방자요 박해자요 폭행자였으나 도리어 긍휼을 입은 것은 내가 믿지 아니할 때에 알지 못하고 행하였음이라"(딤전 1:13)고 고백할 정도였다. 바울이 다메섹으로 가는 길에서 예수님을 만나 회심하고 예루살렘에서 교회의

지도자들을 만나려 할 때 모두가 두려워하며 피했다. 그의 회심을 믿지 못했기 때문이었다. 그가 회심했다고 거짓말하며, 사도들을 만나 모두 잡아들일까 의심했기 때문이었다.

이때 바울을 "바나바가 데리고 사도들에게 가서 그가 길에서 어떻게 주를 보았는지와 주께서 그에게 말씀하신 일과 다메섹에서 그가 어떻게 예수의 이름으로 담대히 말하였는지를"(행 9:27) 전했다. 이후 바울은 사도들과 함께 교제하며 예루살렘에서 지낼 수 있게 되었다.

바나바는 또한 바울이 안디옥교회에서 목회할 수 있게 이끌었다.

"바나바가 사울을 찾으러 다소에 가서 만나매 안디옥에 데리고 와서 둘이 교회에 일 년간 모여 있어 큰 무리를 가르쳤고 제자들이 안디옥에서 비로소 그리스도인이라 일컬음을 받게 되었더라"(행 11:25-26).

이후 그들은 함께 1차 전도여행을 떠나며 복음을 온 천하에 전했다. 바나바는 참으로 놀라운 사람이 아닐 수 없다. 바나바는 바울의 '가능성, 잠재력'을 누구보다 먼저 알아준 사람이었다. 그뿐만 아니라 그를 신뢰하여 사도들에게 소개해주었고 목회의 길을 열어주었다.

크리스천 코칭은 '개인 또는 집단을 도와 그들이 현재 있는 지점에서 하나님이 원하시는 지점으로 옮겨 갈 수 있도록 돕는 것'이다. 바나바는 바울이 하나님께서 원하시는 지점으로 옮겨 갈 수 있도록 안내하고 힘을 북돋아주는 역할을 분명하게 수행하였다. 그는 놀라운 코치였다.

바나바와 바울은 1차 전도여행을 다녀온 이후에 그들이 세운 교회와 교인들을 생각하였다. 교인들이 건강한 신앙생활을 하는지, 이단의 공격에 힘들어하지 않는지 걱정하였다. 그들은 1차 전도여행 때 세웠던 교회를 돌보기 위하여 2차 전도여행을 계획하였다.

바나바는 마가 요한을 데려가길 원했으나 바울은 반대하였다. 마가 요한은 1차 전도여행 중간에 고난을 견디지 못하고 돌아가서 당시 전도팀에 큰 어려움을 준 사람이었기 때문이었다. 부잣집 도련님이었던 마가는 전도여행의 어려움을 극복하지 못했었다. 위로의 아들이었던 바나바는 마가 요한에게 한 번 더 기회를 주자고 주장했으나 바울은 거듭 거절하였다. 바나바와 바울은 크게 싸우고 서로 갈라섰다. "바나바는 마가를 데리고 배 타고 구브로로 가고 바울은 실라를 택한 후에 형제들에게 주의 은혜에 부탁함을 받고"(행 15:39-40) 떠났다.

바울은 말년에 디모데에게 보내는 편지에서 "누가만 나와 함께 있느니라. 네가 올 때에 마가를 데리고 오라. 그가 나의 일에 유익하니라"(딤후 4:11)고 기록하였다. 마가는 결국 바울조차 인정한 훌륭한 사역자로 성장하였다. 나아가 바울은 "내 아들 마가"(벧전 5:13)라고 표현하면서 마가를 지극히 신뢰하는 모습을 보여주었다. 마가 요한은 후에 '마가복음'을 기록하고 예수님을 위해 평생 헌신하였다.

바울을 살린 바나바가 이번엔 마가를 살렸다. 바나바가 마가에게 다시 기회를 주지 않았더라면 '바울의 아들과 같은 마가' '바울에게 유익한 마가' '마가복음을 기록한 마가'로 성장할 수 있었을까? 바나바는 마가의 가능성과 잠재력을 인정하고 마가 곁에 서서 지켜 주었다. 바나바는 마가 역시 하나님께서 원하시는 곳으로 갈 수 있도록 도왔다. 실패하여 낙심했던 마가에게 새로운 기회를 열어준 바나바는 실로 놀라운 코치였음이 분명하다.

Part 2는 '구역장과 셀리더의 성품, 삶을 코칭하라' 라는 주제이다.

4장은 '일대일 사역으로 리더를 양육하라' 이다. 사역자에 대한 일대일 사역, 개인적 돌봄이 중요하다. 구역장/셀리더는 개인적인 돌봄을 받아야 한다. 구역장/셀리더를 방치해서는 안 된다. 일대일 양육의 3단계를 구체적으로 '나눔, 해석, 적용' 으로 제안하였다.

5장은 '성경적 코칭으로 리더를 양육하라' 이다. 구역장/셀리더를 영적, 심리적, 육체적, 사회적으로 돌볼 수 있는 코칭의 방법과 사례를 설명하였다. 특별히 말씀으로 성도를 코칭할 수 있는 구체적인 방법과 사례를 제시하였다.

- P · A · R · T · 2 -

구역장과
셀리더의 성품,
삶을 코칭하라

CHAPTER 04

일대일 사역으로
리더를 양육하라

"우리가 그를 전파하여 각 사람을 권하고 모든 지혜로 각 사람을
가르침은 각 사람을 그리스도 안에서 완전한 자로 세우려 함이
니"(골 1:28).

일대일 사역으로
구역장과 셀리더를 양육하라

▶ 선 양육 후 봉사 원칙, 영적 슈퍼비전 원칙

구역장/셀리더나 다양한 부서를 섬기는 봉사자 등 평신도 사역

자들에게 영적 돌봄과 신앙 양육은 필수적이다. 왜냐하면 사역하는 것은 심리적으로, 육체적으로, 재정적으로, 시간적으로 아주 많은 에너지를 소모하기 때문이다. 봉사하면서 에너지를 사용하는 것은 마치 스마트폰 배터리가 방전되는 것으로 비유할 수 있다. 여러 가지 측면에서 에너지를 소모하기에 지속적인 봉사는 쉽지 않다. 그래서 봉사자들의 섬김과 봉사는 고귀한 희생이다.

배터리 방전되는 것과 같은 에너지 소진은 여러 가지 문제를 일으킨다. 봉사하면서 누릴 수 있는 기쁨이나 즐거움을 빼앗아 가기도 한다. 나중에는 의무감으로, 기쁘지 않은 마음으로 봉사하게 된다. 결국 성도들이 지속적이고 장기적인 섬김과 봉사를 못 하게 만든다. 배터리가 완전히 방전되어 스마트폰이 꺼져버리는 것과 다름없다.

특히 작은 교회에서 이런 문제는 더욱 큰 문제를 야기하는 악순환으로 빠진다. 교회가 작을수록 봉사할 수 있는 성도의 숫자가 적기 때문에 몇몇 헌신적인 소수의 성도에게 일이 몰리게 된다. 목회자도 헌신적인 소수에게 교회 사역을 많이 맡길 수밖에 없다. 처음에 성도는 자신을 인정해주었다는 기쁨과 하나님께 헌신하는 마음으로 봉사를 시작하지만 곧 지치게 된다. 마음의 에너지가 고갈되다 보니 교회가 원망스럽고 목회자가 원망스럽다. 심지어는 대형 교회로 떠나는 경우도 생긴다.

'선 양육 후 봉사 원칙'은 이를 해결하기 위해서 반드시 준수해야 하는 원칙이다. 성도가 최소한의 양육을 받고 성숙한 다음 봉사할 때 스트레스와 에너지 소모를 감당할 수 있다. 이는 마치 정규 교육을 정상적으로 마치고 몸과 마음이 성장한 성인이 취업하여 일하는 것과 같다. 교육을 마친 성인은 자기에게 주어진 일을 잘 감당할 수가 있다. 반대로 양육 없이 봉사하게 되면 마치 어린아이에게 일을 시키는 것과 같은 문제가 생긴다. 일하는 사람도 힘들고 일도 제대로 돌아가지 않는다.

물론 완전히 성숙한 다음 봉사하라는 의미가 아니다. 인간은 죽을 때까지도 완전히 성숙할 수 있는 존재가 아니다. 인간은 끊임없이 성숙해도 끊임없이 부족한 존재이다. 성숙한 다음 봉사하라는 의미는 사람이 태어나서 일정 기간 초, 중, 고, 대학 교육을 받고 일하는 것처럼, 최소한의 영적 양육이 필요하다는 의미이다. 이후 양육을 받고, '영적 슈퍼비전'을 받으면서 사역한다면 성숙하면서 사역하고, 사역하면서 성숙하는 선순환 구조에 들어갈 수 있다.

'영적 슈퍼비전 원칙'은 양육받은 성도가 봉사의 일을 할 때도 정기적으로 영적 슈퍼비전을 받아야 한다는 것이다. 상담에서 슈퍼비전은 "상담에 대한 이론적 지식과 상담 경험이 풍부한 전문가가 상대적으로 이러한 부분이 부족한 전문가를 도와 그의 상담 능력의 발전을 촉진해주는 것"이라고 정의한다. 목회자 혹은 신앙의 선배는 신앙의 후배, 특히 사역자와 봉사자들을 영적으로 보살피는 일을 해야 한다. 그래야만 사역자와 봉사자들이 사역하면서 경험하는 내적 갈등, 대인 갈등, 육체적인 어려움, 가정과 일터에서의 개인적인 어려움을 믿음으로 적절하게 대처하면서 영적 에너지를 유지하고 기쁨으로 봉사하는 태도를 유지할 수 있다. '영적 슈퍼비전'을 받지 못하는 사역자와 봉사자들은 자신이 교회에서 '일만 하는 사람'으로 느껴져 우울감에 빠질 수도 있다.

▶ 일대일 사역(양육)의 원칙

일대일 사역은 '양육자'가 성령의 인도하심 안에서 피양육자(양육을 받는 사람)의 성품, 삶(교회, 가정, 일터), 사역을 지도하는 것이다. 양육자와 피양육자의 관계에는 목회자와 성도, 목회자와 구역장/셀리더, 평신도 코치와 구역장/셀리더, 구역장과 구역원, 셀리더와 셀원 등이 해당될 수 있다.

일대일 사역에는 다섯 가지 원리가 있다. 골로새서 1장 28~29절에서 일대일 사역의 원리를 가장 잘 설명하고 있다.

"우리가 그를 전파하여 각 사람을 권하고 모든 지혜로 각 사람을 가르침은 각 사람을 그리스도 안에서 완전한 자로 세우려 함이니 이를 위하여 나도 내 속에서 능력으로 역사하시는 이의 역사를 따라 힘을 다하여 수고하노라."

일대일 사역의 다섯 가지 원리는 다음과 같다.

● 일대일 사역의 목표는 피양육자를 그리스도 안에서 완전한 자로 세우는 것이다.

● 일대일 사역의 방법은 개인적인 만남이다.

● 일대일 사역의 주도자는 성령이시다.

● 양육자는 피양육자를 '원칙 있는 사랑'으로 돕는다.

● '피양육자의 한 주간의 삶'이 주 교재이다.

첫째, 일대일 사역의 목표는 피양육자를 그리스도 안에서 완전한 자로 세우는 것이다. 완전함이란 성품, 삶, 사역이 예수님을 닮아 교회, 가정, 일터에서 건강한 생활인으로 사는 것이다. '영적, 심리적, 육체적, 사회적 성숙'이라 표현할 수도 있다. 신앙은 생활이다. 신앙은 예배당 안에 갇혀 있는 것이 아니다. 참 신앙과 거짓 신앙의 승패는 삶의 현장에서 결정된다.

둘째, 일대일 사역의 방법은 개인적인 만남이다. 양육자는 피양육자를 성숙한 자로 세우기 위해서 개인적으로 도와야 한다. 일대일 사역은 '한 사람을 돕는 사역'이다. 한 사람을 돕지 못하는데 어찌 소그룹을 도울 수 있으며, 소그룹을 돕지 못하는데 어찌 대그룹을 도울 수 있겠는가? 사역마다 고유한 특징과 필요한 은사가 각각 다르겠지만, 대그룹 위주로 사역하더라도 한 사람에 대한 소중함은 모든 사역자에게 필수적인 덕목이라 할 수 있다(마 12:12). 사도 바울은 에베소 교인들을 '삼 년이나 밤낮 쉬지 않고 눈물로 각 사람을 훈계'(행 20:31)하였다고 말한다. 한 사람에 대한 그의 사랑이 얼마나 큰지 잘 보여준다. 그가 말하는 사랑은 단순히 사랑의 감정뿐만이 아니라 사랑의 수고까지 포함한다.

셋째, 일대일 사역의 주도자는 성령이시다. 성령께서 사역을 인도하시고 양육자와 피양육자를 돕고 양육 과정을 주도하신다. 양육자는 자기 속에서 능력으로 역사하시는 성령을 의지해야 한다. 성령께서 말씀하시고자 하는 것을 말하며, 성령께서 침묵하시면 침묵해야 한다. 성령님의 뜻이 무엇인지 기도하는 자세로 양육할 때 성령께서 기쁘신 뜻 가운데 인도하신다. 사람의 지혜와 능력에는 한계가 있지만 하나님의 지혜와 능력은 무궁하다. 전심으로 성령님을 의지할 때 하나님의 지혜와 능력의 통로로 쓰임받는다.

넷째, 양육자는 피양육자를 '원칙 있는 사랑'으로 돕는다. '원칙'이라는 말은 성경적인 기준을 가르친다는 의미이고 '사랑'이라 말은 피양육자를 전인격적으로 사랑하며 삶을 함께한다는 의미이다. 양육자의 사랑은 자기의 시간을 내어주어 삶을 함께하는 사랑이다. 양육자가 피양육자를 사랑한다는 것은 볼 때 미소 지으며 친절하게 인사하는 차원이 아니다. 반갑게 인사하면서 "집사님 많이 보고 싶었어요." 인사하는 차원이 아니다. 그 이상이다. 인생은 100년이라는 시간이다. 시간을 내어주며 삶을 함께한다는 것은 생명의 일부를 피양육자에게 내어준다는 의미이다. 피양육자에게 하나님 말씀을 가르쳐 삶이 되도록 지도하고, 그때까지 인내하며 함께하는 것이 사랑이다.

다섯째, '피양육자의 한 주간의 삶'이 주 교재이다. 일대일 사역은 삶의 전달이다. 양육자가 살아가는 삶이 그가 가르치는 지식과 일치될 때 양육에 힘이 생긴다. 말씀대로 살아가려고 노력하는 양육자의 삶을 보며 피양육자는 말씀대로 살아가는 것이 가능하다는 것을 깨닫는다. 양육자의 삶이 투명하게 드러날수록 일대일 사역의 효과가 높다. 일대일 사역은 양육자가 삶으로 본을 보이며, 피양육자의 삶을 말씀에 일치시켜가도록 돕는 과정이다. 이를 위해 '피양육자의 한 주간의 삶'이 '주 교재'가 된다. 양육자의 삶을 전달하고, 피양육자의 삶과 말씀을 일치시키기 위해 '피양육자의 한 주간의 삶'을 주 교재로 나눔을 한다.

일대일 사역(양육)의 3단계
- 나눔, 해석, 적용

▶ 1단계 : 나눔

나눔은 '나눔과 경청' 두 요소로 이루어져 있다. 나눔은 피양육자의 삶과 은혜를 나누는 것이고, 경청은 나눔에 집중하는 것이다.

첫째는 나눔이다. 양육자와 피양육자는 한 주간의 삶, 설교에서

■ 그림 3. 일대일 양육의 3단계

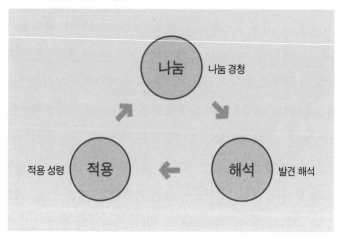

받은 은혜, 개인 경건생활을 서로 나눈다. 삶 나눔은 대그룹, 소그룹, 일대일 양육, 개인 경건생활 가운데 받았던 말씀이나 은혜와 관련된 삶을 나눈다. 삶 나눔은 단순히 한 주간 있었던 일을 나누는 것이 아니다. 한 주간의 삶을 말씀으로 비추어서 나눈다. 말씀대로 순종한 승리의 삶도, 실패의 삶도 모두 나눈다.

설교 나눔 부분에서는 대예배 설교에서 받은 은혜를 나눈다. 생각, 감정, 의지의 측면에서 새롭게 깨닫게 된 것, 느낀 것, 적용과 결단을 나눈다. 목회자의 설교를 평가하는 시간이 되지 않도록 주의한다. 목회자의 설교를 평가하고 비판하는 습관을 가지면 설교에서 은혜받기 힘들어진다. 모든 사람이 은혜받는 소위 '완벽한 설교' 는 없다. 목회자의 설교가 자기 마음에 들지 않더라도 설교 가운데 하나님께서 나에게 주시는 말씀과 은혜에 집중하는 것이 나의 영혼에 유익하다. 대부분의 목회자는 최선을 다해 하나님 말씀을 준비하며 선포한다. 설교에 대해 부정적인 나눔은 삼가고 자신이 받은 은혜의 말씀, 하나님께서 나에게 하시는 말씀에 집중한다. 개인 경건생활 나눔 부분에서는 큐티, 통독, 기도, 암송 가운데 받은 깨달음, 느낀 점, 적용을 나눈다.

나눔은 상호 소통의 과정이다. 양육자와 피양육자는 서로 나눔을 한다(살전 5:11). 양육자가 먼저 삶, 설교, 큐티 나눔의 본을 보이고, 일방적으로 피양육자만 나누지 않도록 주의한다. 양육자가 나눌 경우에도 가르치는 태도를 버리고, 본인이 받은 은혜만을 담백하게 나눈다.

둘째는 경청이다. 피양육자의 나눔을 경청하는 것이 일대일 사역의 시작이다. 경청의 목적은 양육자가 '내 속에서 능력으로 역사하시는' 성령께서 피양육자를 어떻게 이끌어 가시는지 보기 위함이다. 피양육자의 생각, 감정, 상황을 섣불리 짐작하지 말라. 사연을 듣기 전에 대답하는 자는 미련하다(잠 18:13). 피양육자의 삶, 설교, 경건생활 나눔을 듣다 보면 성령의 손길이 느껴진다.

경청하는 목적은 성령께서 피양육자의 삶에서 일하시는 모습과 방법을 알아차리기 위함이다. 성령께서 앞서가시고 양육자는 피양육자의 손을 잡고 성령을 뒤따라가는 모양이 가장 이상적이다. 내가 앞서가지 않아야 한다. 성령께서 영감을 주시면 성령의 영감을 따라 간다. 성령께서 말씀하시면 양육자도 말씀한다. 성령께서 침묵하시면 양육자도 침묵한다.

▶ 2단계 : 해석

해석은 '발견과 해석' 두 요소로 이루어져 있다. 발견은 피양육자의 삶을 성경에서 발견하는 것이고 해석은 성경으로 피양육자의 삶을 해석하는 것이다.

첫째는 발견이다. 발견은 피양육자의 삶을 성경 속에서 발견해서 알려주는 것이다. 피양육자가 말씀대로 살아가는 모습을 성경 안에서 발견해서 알려줄 때 피양육자에게는 하나님의 감동과 확신이 임한다. 피양육자는 스스로 깨닫지 못했던 자기 모습을 성경 안에서 발견하고, "나도 말씀대로 살아갈 수 있구나!"하는 용기를 얻게 된다. 의외로 피양육자 스스로 말씀대로 살아가는지 여부를 확실하게 깨닫지 못하는 경우가 많기에, 관찰자의 관점에서 알려주면 피양육자가 확신을 갖기에 큰 도움이 된다.

하나님 체험의 핵심은 말씀 체험이다. 영적 지도자가 말씀을 짚어주면서 "○○ 집사님은 이 말씀을 경험한 것입니다." "○○ 집사님은 이번 주에 성경에 있는 이 말씀에 순종하셨네요"라고 격려해주면 피양육자가 말씀 따라 살아가는 삶에 대한 확신이 생기고 주님을 따르고 있다는 자부심을 경험한다.

직장인 경희 자매의 사례가 '발견' 부분의 좋은 사례이다. 경희 자매는 양육받기 시작한 지 1년 정도 지나자 영적 디딤돌을 확보하여 순조롭게 성장하고 있었다. 어느 날, 기도하면 친구 세희가 생각나고 불쌍히 여기는 마음이 들어 중보기도를 하고 있다고 말했다.

나는 다음 두 말씀을 찾아주며 경희 자매의 삶을 성경 속에서 '발견' 해주었다.

"무리를 보시고 불쌍히 여기시니 이는 그들이 목자 없는 양과 같이 고생하며 기진함이라"(마 9:36).

"각각 자기 일을 돌볼뿐더러 또한 각각 다른 사람들의 일을 돌보아 나의 기쁨을 충만하게 하라"(빌 2:4).

"경희 자매, 신앙 성장의 초기에는 보통 자기 문제에 급급해요. 기도할 때도 하나님께 당장 급한 문제를 해결해달라는 기도를 많이 하지요. 당연히 다른 사람을 돌아볼 여유가 없고요. 지금까지 양육 과정 가운데 자매가 영적 디딤돌을 확보하고 한두 번 영적 디딤돌을 높였던 경험이 있지요. 지금까지 신앙 성장의 과정을 차근차근 잘 밟아 왔어요. 그리고 이제는 친구를 보고 불쌍히 여기기 시작했어요. 이것은 목자의 마음입니다. 자매는 목자의 마음을 품기 시작했어요. 다른 사람을 돌아보는 삶을 시작했다는 의미입니다."

설명을 듣고 경희 자매는 자기 성장을 말씀으로 확인할 수 있어 매우 기뻐했다. 자매는 자원하는 마음으로 목자의 삶을 살기로 결단의 기도를 하였다.

둘째는 해석이다. 삶의 성경적 해석은 피양육자가 자신의 상황을 객관적으로 바라보도록 돕는다. 삶을 성경으로 해석해주면 피양육자가 하나님의 시각, 성경의 시각으로 문제를 바라볼 수 있다. 사람은 자기 문제를 객관적으로 보기 힘들다. 자기 삶이나 문제를 객관적으로 바라보기만 해도 문제 해결에 큰 도움이 된다. 이를 반복하면 말씀과 삶에 대해 다양하고 많은 해석을 경험한 성숙한 양육자가 될 수 있다.

양육자에게 성경과 영적 직관으로 삶을 해석해준다. 피양육자의 이야기를 듣다 보면 마음에 걸리는 것이 생긴다. 뭔가 이상하게 느껴지는 부분이 있다. 앞뒤가 안 맞는 느낌, 연결이 안 되는 느낌이 든다. 말하다가 멈춘 느낌이 든다. 보통 피양육자 본인도 모르거나 별일 아닌 것으로 생각하는 것이 있다. 이때 영적 직관으로 핵심을 찌르는 질문을 해야 한다.

서윤 자매는 대학교 1학년 때 친구가 거짓 소문을 퍼뜨린 일을 계기로 마음의 병을 얻었다. 친구는 서윤 자매가 '몸을 함부로 놀린다' 는 거짓 소문을 학과 사람들에게 퍼뜨렸다. 서윤 자매는 그때 마음에 상처를 입고 우울해졌다고 말했다. 자매는 그 친구가 자신의 인생을 망쳤다고 분노하며 그 친구를 미워했다. 자매는 수년이 지난 지금도 거의 매일 밤 악몽을 꾼다고 말했다.

계속해서 이야기를 주고받다가 나는 이상한 생각이 들었다. 보통 사람들은 이런 거짓 소문을 들었을 때 마음에 상처는 입어도 마음의 병까지는 쉽게 생기지 않는다. 그래서 나는 자매가 했던 다른 이야기, 즉 한동안 많이 왕래하던 사촌 오빠랑 관계가 좋지 않다는 말을 기억했다. 나는 "그 사촌 오빠에게서 혹시 상처받은 경험이 있느냐?" 질문했다. 자매는 사촌 오빠가 자신을 성추행했던 일을 이야기했다. 당시 부모는 자매를 탓하며 그 사건을 조용히 덮었다고 했다. 자매는 부모의 태도에 더욱 큰 충격을 받았다고 했다. 두 가지 큰 사건이 연관되면서 두 번째 사건에서 자매는 마음의 병이 결국 터져버렸다.

나는 두 사건의 연관성을 설명해주었고, 성경과 관련지어 설명하였다.

"'여호와 하나님이 땅의 흙으로 사람을 지으시고 생기를 그 코에 불어넣으시니 사람이 생령이 되니라'(창 2:7). 자매, 하나님께서 사람을 만드실 때 영혼과 육체로 만드셨어요. 그래서 사람의 마음과 육체는 연결되어 있어요. 마음에 충격을 받으면 육체에 영향이 가고, 반대로 육체에 충격을 받으면 영혼도 영향을 받지요. '사람의 심령은 그의 병을 능히 이기려니와 심령이 상하면 그것을 누가 일으키겠느냐'(잠 18:14). 우리가 하나님과 친밀한 관계 속에서 살면 마음의 평안을 찾을 수 있어요. 하나님께서 나의 힘이 되시니 마음이 든

든해져요. 그러면 병도 이길 수가 있어요."

자매는 '해석'을 듣고 자기가 왜 병을 얻었는지 이해하게 되었다. 자매는 대학 친구의 거짓 소문에 기분이 나쁠 수는 있어도 마음의 병까지 얻은 건 자기도 이상했었다고 말했다. 자매는 자기가 왜 발병하게 되었는지 이해하게 되면서 마음이 많이 홀가분해졌다고 말했다. 이후 자매는 악몽을 꾸는 횟수가 현저하게 줄어들었다.

▶ 3단계 : 적용

적용은 '적용과 성령의 인도하심' 두 요소로 이루어져 있다. 적용은 성경 말씀대로 살아가는 것이다. 코치는 이 모든 양육 과정을 자의가 아니라 성령의 인도하심을 따라야 한다.

첫째는 적용이다. 적용은 구체적인 상황에 대한 성경의 원리를 재확인하도록 돕는 것이다. 설교 시간이나 별도의 성경공부 시간을 통해서 평소에 배운 말씀을 실천하는 것이 적용이다. 이미 알고 있지만 이 문제에 적용하지 못할 때 양육자가 짚어주면 효과가 크다.

기식 형제가 취업 문제로 고민하고 있었다. 그는 취업에 대한 부담감이 너무 커서 예배도 소홀해지고 기도도 못 하고 있었다. 하나님을 의지하지 않고 걱정만 가득한 것을 보면서 다음 말씀으로 권면하였다.

"아무것도 염려하지 말고 다만 모든 일에 기도와 간구로, 너희 구할 것을 감사함으로 하나님께 아뢰라 그리하면 모든 지각에 뛰어난 하나님의 평강이 그리스도 예수 안에서 너희 마음과 생각을 지키시리라"(빌 4:6-7).

나는 형제에게 "기식 형제님, 이 말씀과 형제님의 상황은 어떤 관련이 있나요?"라고 질문하였다. 다음과 같이 말을 조금 바꾸어 질문할 수 있다.

- 이 말씀과 형제님의 상황은 어떤 관련이 있나요?
- 하나님은 취업 문제에 대해서 뭐라고 말씀하시나요?
- 현재 상황과 관련하여 나에게 주시는 하나님의 약속은 무엇인가요?
- 하나님은 취업 문제와 관련하여 형제님이 어떤 행동을 하길 원하시나요?
- 이 말씀을 통해서 들려주시는 하나님의 음성은 무엇인가요?

여러 가지 이야기를 주고받았다. 형제는 다음과 같이 말했다.

"하나님은 기도하는 것은 좋아하시고 걱정하는 것은 싫어하시네요. 저는 걱정은 하고 기도는 안 하고 있네요. 제가 하나님 말씀과 거꾸로 하고 있다는 걸 알겠습니다. 어떻게 해야 할지는 모르겠지만 기도는 하고 걱정은 안 해야겠다는 생각이 듭니다."

질문하면 관점이 전환된다. 성경 말씀을 제시하고 질문하면 하나님의 관점, 성경의 관점으로 자기 문제를 바라보게 된다. 그러면 더 이상 문제가 아니라 하나님을 바라볼 수 있게 된다.

둘째는 성령의 인도하심이다. 피양육자의 이야기를 경청하다가 '내 속에서 능력으로 역사하시는 이'의 영감이 있을 때 성경 말씀을 통하여 말한다. 성령의 영감이 있다면 반드시 성경 말씀을 통하여 말해야 한다. 내 말에 힘이 있는 것이 아니라 말씀에 힘이 있다. 내 말을 전하면 시간이 지나면 잊힌다. 성경 말씀을 전한다면 10년이 지나도 그 말씀이 기억나며 세상을 이겨나갈 힘을 얻는다. 설교를 듣거나 통독하거나 그 말씀을 마주칠 때마다 새롭게 감동받게 된다.

사도 바울은 '내 말과 내 전도함이 설득력 있는 지혜의 말로 하지 아니하고 다만 성령의 나타나심과 능력으로'(고전 2:4) 했다고 고백한다. '너희 믿음이 사람의 지혜에 있지 아니하고 다만 하나님의 능력에 있게'(고전 2:5)하기 위해서라고 말했다. 학식이 풍부했던 바울조차도 인간적으로 지혜로운 말을 의도적으로 피했다. 성경을 말하고 성경을 들으면 성경의 저자이신 성령께서 능력을 베푸신다.

성령께서 영감을 주시면 말하고 그렇지 않으면 침묵하라. 양육자에게는 성령께서 침묵하실 때 침묵할 수 있는 겸손이 요구된다. 피양육자가 문제의 답을 요구하는데 성령께서 침묵하시면 양육자는 조급해진다. 자기 지혜를 말하는 악수를 둔다. 그러면 실수한다. 인간적인 메시지가 나가기 때문이다.

양육자는 성령의 중요한 통로이다. 하지만 성령께서 양육자만을 통해서 일하시지는 않는다. 내가 양육자라고 해서 내가 모든 문제의 정답을 주어야 한다는 생각은 교만이다. 성령께서 피양육자의 삶을 주도하시도록 겸손한 태도를 유지하라.

일대일 사역(양육)의 3단계인 '나눔, 해석, 적용'은 그 자체로 양육 목적의 코칭 프로세스이다. 양육 책자를 통해서 양육하는 경우 한 권의 책을 마치면 다음 어떤 책으로 양육해야 할지 고민하게 된다. 또한 책자를 통해 양육할 경우 자칫하면 진도 나가기에 급급해서 피양육자의 삶과는 관련이 없는 '유사 양육' 시간이 되는 위험에 빠질 수도 있다. '나눔, 해석, 적용' 프로세스는 피양육자의 삶이 주교재가 된다는 강점을 가졌다. 양육자와 피양육자가 만날 때마다 이러한 프로세스를 통해 양육한다면 교재 걱정 없이 실제적인 양육을 할 수가 있다.

CHAPTER 05

성경적 코칭으로
리더를 양육하라

"예수는 지혜와 키가 자라가며 하나님과 사람에게 더욱 사랑스러워 가시더라"(눅 2:52).

'영혼육사' 를 질문하고 코칭하라

▶ 인간 창조원리

하나님께서 사람을 영혼과 육체를 가진 존재로 지으셨다.

"여호와 하나님이 땅의 흙으로 사람을 지으시고 생기를 그 코에 불어넣으시니 사람이 생령이 되니라"(창 2:7).

땅의 흙으로 몸을 만드시고 하나님께서 생기를 그 몸에 불어 넣으셨다. 그 결과 살아 있는 사람이 되었다.

창조 이후 사람은 "선악을 알게 하는 나무의 열매는 먹지 말라"(창 2:17)는 말씀에 불순종하여서 죽게 되었다. '네가 먹는 날에는 반드시 죽으리라'는 선포가 현실이 되었다. 사람은 하나님 말씀에 불순종함으로 하나님과의 관계가 깨어지고 죽게 되었다.

전도서 12장 7절에서 "흙은 여전히 땅으로 돌아가고 영은 그것을 주신 하나님께로 돌아가기 전에 기억하라"라고 말씀하신다. 사람이 죽으면 몸은 흙으로 돌아가고 성도의 영혼은 하나님께로 돌아가게 된다. 그래서 육체는 흙으로 지음받았고, 창세기 2장 7절에 나타난 하나님의 생기는 영혼임을 알 수 있다.

▶ 영혼육사의 이해

'영혼육사'(靈魂肉社)는 전인(全人) 성장의 네 가지 기준이다. 인간은 영적(영), 심리적(혼), 육체적(육), 사회적(사) 존재라는 의미이다. '살아있는 사람'의 '영혼육'은 하나이다. 하나로 존재하기에 분리될 수 없다. 그러나 전인 성장을 깊이 이해하기 위해서 '영, 혼, 육'으로 세분하여 분석하고 이해할 필요가 있다. 사람의 몸 전체를 이해하기 위해서 심장, 간, 혈관, 근육 등을 별도로 연구하는 과정을 거쳐 몸 전체를 통합적으로 이해하는 과정과 동일하다.

먼저 성경에서 영, 혼, 육을 별도로 표현하는 경우를 살펴보자.

"평강의 하나님이 친히 너희를 온전히 거룩하게 하시고 또 너희의 온 영과 혼과 몸이 우리 주 예수 그리스도께서 강림하실 때에 흠 없게 보전되기를 원하노라"(살전 5:23).

'영과 혼과 몸'으로 표현하고 있다. 이는 사람의 영과 혼과 몸을 '구분해야 한다'는 의미가 아니라 우리 존재 전체를 강조하는 표현으로 보는 것이 옳다.

"하나님의 말씀은 살아 있고 활력이 있어 좌우에 날선 어떤 검보다도 예리하여 혼과 영과 및 관절과 골수를 찔러 쪼개기까지 하며 또 마음의 생각과 뜻을 판단하나니"(히 4:12).

이 구절에서는 '혼과 영과 및 관절과 골수'라고 표현하고 있다. 동일하게 인간을 '혼과 영과 및 관절과 골수'로 '구분해야 한다'가 아니라 우리 존재 전체를 꿰뚫어 보신다는 의미로 보는 것이 옳다.

사람의 전인 성장을 좀 더 자세히 이해하기 위해 예수님의 성장 과정을 모델로 살펴보자. 예수님의 전인 성장이 우리의 성장 모델이 되기 때문이다. 예수님의 전인 성장을 '영혼육사'로 이해할 수 있다.

"예수는 지혜와 키가 자라가며 하나님과 사람에게 더욱 사랑스러
워 가시더라"(눅 2:52).

'지혜'는 혼(심리적), '키'는 육(육체적), '하나님과의 관계'는 영
(영적), '사람과의 관계'는 사(사회적)로 정리할 수 있다.

영혼육사의 기능에 대해 알아보자. '영'은 영적인 존재와 교제하
는 기능을 한다. 크리스천은 하나님과 친밀한 관계를 맺는다. 하나
님과의 관계인 '영'은 '혼' '육' '사'의 근본이다. 하나님과의 관계가
생각, 감정, 의지, 그리고 교회, 가정, 일터에서의 삶의 기준이 된다.
'혼'은 '지정의' 기능을 한다. 생각, 감정, 의지를 담당한다. '육'체
의 기능은 영혼을 담는 그릇이다. 기본적으로 육체는 자신의 영혼을
담는다. 동시에 성령도 담을 수 있다. 육체가 깨어지면 영혼이 더 이
상 담겨 있을 수 없다. 이때 영혼과 육체가 분리되며, '사람이 죽었
다'라고 표현한다. '사'는 한 사람의 '영혼육'과 또 다른 사람의 '영
혼육'이 만나면 생긴다. '사'는 크게 세 가지 삶의 영역, 즉 교회, 가
정, 일터로 구분한다. 일터는 사회, 국가를 포함한다.

영과 혼은 분리될 수 없이 항상 하나로 존재한다. 사실 엄격하게
분리할 수도 없다. 사람을 이해하기 위해 편의상 나누었기 때문이
다. 기능상 영과 혼을 분리해서 이해하면 사람을 이해하는 데 이점

이 많다. 영과 혼의 기능을 나누는 것은 사람과 짐승과의 차이 때문이다. 사람은 영적 존재이지만 짐승은 영적 존재가 아니다. 짐승은 영이 없어 영적 존재인 하나님과 친밀한 관계를 형성하지 못한다. 하지만 짐승에게도 지정의가 있다. 주인을 알아보고, 좋고 싫고의 감정이 있으며, 도둑이 들어왔을 때 물고 놓지 않는 의지가 있다. 식물도 지정의가 있다. 특정 음악이나 빛을 좋아하기도 하고 싫어하기도 하며, 생존에 대한 의지가 있다.

짐승이나 식물의 혼을 '본능'이라 부른다. 인간의 지정의와 유사한 부분도 있지만 근본적인 차이, 넘을 수 없는 질적 차이가 있다. 짐승이나 식물은 하나님의 명령에 의해 땅에서 나왔다.

"하나님이 이르시되 땅은 풀과 씨 맺는 채소와 각기 종류대로 씨 가진 열매 맺는 나무를 내라 하시니 그대로 되어"(창 1:11).
"하나님이 이르시되 땅은 생물을 그 종류대로 내되 가축과 기는 것과 땅의 짐승을 종류대로 내라 하시니 그대로 되니라"(창 1:24).

그래서 짐승과 식물은 죽으면 존재 전체가 땅으로 돌아간다.

온전히 하나인 영혼육이 사람의 전인격을 이룬다. 영혼의 인격은 육체를 통해 실체로 나타나므로 영혼육을 '전인격' 혹은 '전인'이라 한다. 각 사람은 전인격적으로 하나님 또는 사람과 관계를 맺는다. 사람과 관계 맺기의 순서는 첫째가 교회, 그리고 가정, 일터 순이다. 셋 중에 가장 중요한 것을 뽑으라면 공통적으로 가정이라 말할 것이다. 하지만 교회에서 하나님을 경외하는 법, 일터에서 그리스도인으로 사는 기준, 성경적이고 행복한 가정을 이루는 원리를 배울 수 있기에 교회생활이 성경적인 가정생활과 일터생활의 시작점이 된다.

▶ 영혼육사 관점의 코칭 질문

이러한 이해를 바탕으로 다음과 같이 코칭 질문을 할 수 있다.

영 역	관 련 질 문
영적 (하나님 관계, 하나님 관점)	● 요즘 하나님과의 관계는 어떤가요? ● 최근 예배나 경건 생활 중 받은 은혜가 있다면 나누어주세요. ● 그 문제를 하나님은 어떻게 바라보실까요? ● 그 사건에 대해 하나님은 어떤 생각을 하실까요? ● 그 사건에서 하나님이 당신에게 기대하는 것이 있다면 무엇일까요? ● 지금 이곳에서 당신을 향한 하나님 뜻은 무엇입니까?
심리적 (생각, 감정, 의지)	● 요즘 가장 많이 생각하는 것은 무엇인가요? ● 최근 일주일 주된 감정은 무엇이었습니까? ● 이 사건을 통해 배운 것이 있다면 무엇입니까? ● 어떤 느낌이 들었나요? ● 당신의 비전과 이 문제는 어떤 관련이 있나요? ● 스트레스를 해소하는 방법은 무엇인가요? ● 당신이 생각하는 이상적인 삶은 무엇입니까? ● 당신이 가장 중요하게 여기는 원칙은 무엇입니까? ● 당신은 어떤 방법으로 감정을 표현합니까?
육체적 (음식, 운동, 수면, 휴식)	● 요즘 건강관리를 어떻게 하고 계세요? ● 음식, 운동, 수면 등 건강 상태는 어떤가요? ● 가장 건강했을 때는 언제이고, 그 이유는 무엇인가요? ● 건강을 유지하기 위해 당신이 실천하는 것은 무엇인가요?

사회적 관계	교회	● 사역하면서 가장 보람 있었던 경험은? ● 사역하면서 어려울 때 어떤 방법으로 　힘을 얻고 있나요? ● 사역하면서 지치지 않는 당신만의 방법은 　무엇인가요?
	가정	● 가족 간의 관계는 어떤 상태인가요? ● 가정에서 현재 가장 큰 이슈는 무엇인가요? ● 가족들은 당신이 어떤 말이나 행동을 할 때 　가장 행복해 하나요? ● 최근에 가정에서 행복했을 때는 언제인가요? ● 최근 가족들을 행복하게 한 말이나 행동은 　무엇인가요?
	일터 등 기타	● 갈등 상황에서 기준으로 삼는 원칙이 있나요? ● 당신을 가장 잘 이해하는 사람은 누구이며, 　그 이유는 무엇인가요? ● 당신이 가장 인정받았을 때는 언제인가요? ● 현재 가장 자신 있게 일하는 것은 무엇입니까? ● 최근에 결정한 일, 선택한 일 중에서 　가장 중요한 것은 무엇이었나요?

　다음은 심화 질문이다. 이 질문을 통해 사고를 조금 더 깊이 확
장할 수 있다.

영　역	관 련　질 문
영적 **(하나님 관점,** **영원 관점,** **사명, 비전)**	● 하나님께서 당신 인생 전체를 통해 이루고 싶은 것은 　무엇일까요? ● 하나님께서 당신에게 주신 사명 또는 비전은 무엇입니까? ● 인생을 마감하고 하나님 앞에 섰을 때, 　이 문제를 돌이켜본다면 어떤 생각이 들까요? ● 하나님께서 주신 사명(비전)과 이 주제는 어떤 관련이 있을까요? ● 당신 삶에서 하나님을 경험한 순간은 언제인가요? ● 당신 삶에서 하나님은 어떻게 역사하고 계신가요?

심리적 (자아상, 의미, 신념)	• '나답다'는 것은 어떤 의미입니까? • '나답다'는 것과 이 주제는 어떤 관련이 있습니까? • 당신은 지금 자신이 원하고 선택한 삶을 살고 있습니까? • 당신이 생각하는 이상적인 자기 모습은 어떤 모습입니까? • 당신은 지금 어느 방향으로 나아가고 있습니까? • 당신이 지금 서 있는 곳은 누가 원했습니까? • 당신이 진정 원하는 삶은 무엇입니까? • 이 주제가 당신에게 중요한 이유는 무엇입니까? • 당신이 살아있다고 느끼는 순간은 언제입니까? • 시간과 돈의 제한이 없다면 무엇을 하고 싶습니까? • 당신이 결단해야 할 것은 무엇입니까? • ○○○은 당신에게 어떤 의미가 있나요? • 오늘 스스로 칭찬하고 싶은 일은 무엇인가요?
육체적 (음식, 운동, 수면, 휴식)	• 건강과 신앙은 어떤 관계가 있나요? • 건강을 잘 유지했을 때와 지금의 공통점과 차이점은 무엇인가요? • 당신에게 건강은 어떤 의미입니까? • 건강은 당신에게 어떤 기회나 가능성을 열어줍니까?
사회적 관계 (상황, 환경)	• 이 주제를 가장 잘 아는 사람은 누구입니까? • 전문가들은 어떤 관점으로 접근할까요? • 이 상황에 가장 큰 영향을 미치는 요소는 무엇입니까? • 당신 삶에서 조정해야 할 환경은 무엇입니까? • 이 주제를 이루기 위해 만들어야 하는 습관이 있다면 무엇입니까? • 가장 많은 시간을 사용하는 활동은 무엇입니까? • 누구와 가장 많은 시간을 함께하나요? • 당신이 이 일을 시작한 이유는 무엇입니까? • 내일 한 가지 더 실천하고 싶은 것은 무엇입니까?

코칭할 때 중요한 핵심은 '영혼육사'라는 '관점'이다. 구역장/셀리더나 여러 봉사자 등 평신도 사역자들에게 '영적 슈퍼비전 원칙'은 필수적이다. '영적 슈퍼비전'을 어떻게 할 것인가 대한 대답이 '영혼육사 관점'이다. '영혼육사 관점'은 봉사자의 사역뿐만 아니라 가정과 일터, 대인관계에 관심을 기울이게 한다. 목회자가 봉사자의

삶이나 마음, 신앙에는 관심이 없고 사역에만 관심을 기울이면 봉사
자는 자신이 '이용당하는 느낌'을 받을 수도 있다. 당연하게도 사기
가 꺾이게 된다.

▶ 성경 말씀으로 코칭하라

오우성, 박민수는 「성경 이야기 상담 실습 가이드」에서 성경과
피코치를 연결할 수 있는 효과적인 방법을 제시하고 있다. 오우성,
박민수는 먼저 코치는 피코치가 성경에 얼마나 친밀하고, 익숙한지
확인하는 것이 필요하다고 말했다. 성경에 익숙한 피코치의 경우에
는 피코치가 직접 선택한 성경 본문으로 코칭을 진행할 수 있다. 성
경에 익숙하지 않은 피코치의 경우 코칭 주제와 관련된 본문을 제안
한 다음, 서로 합의하여 진행할 수 있다.

피코치가 성경에 대해 얼마나 친숙한지 확인하기 위해 다음과
같이 질문할 수 있다.

- 당신은 성경을 읽어본 경험이 있습니까?
- 당신이 알고 있는 성경 이야기가 있습니까?
- 최근에 읽거나 들었던 성경 말씀이 있습니까?
- 당신이 가장 좋아하는 성경 말씀은 무엇입니까?
- 지금까지 경험한 성경 말씀이 있습니까?

피코치가 신자인 경우나 비신자인 경우나 '복음서' 는 언제나 옳다. 신자에게나 비신자에게나 복음서에 나타난 예수님 이야기로 접근한다면 그는 자기 문제에서 벗어나 하나님의 시각으로, 하나님의 지혜를 얻을 수 있다. 왜냐하면 성경의 핵심은 예수 그리스도이기 때문이다. 구약은 초림, 재림의 예수님을 예언하고 있으며, 신약에서는 초림하신 예수님을 중심으로 기록하면서 일부분에서 재림하실 예수님을 다시 예언하고 있다. 따라서 구약은 신약의 그림자이며, 신약은 구약의 몸체이다. 신약의 서신서는 복음서의 해석과 적용이다. 초림하신 예수님이 복음서에 가장 정확하게 묘사되어 있으므로 복음서는 성경 전체의 핵심이다. 신자에게나 비신자에게나 복음서의 이야기는 언제나 가장 유익하며, 우선순위에서 앞선다.

피코치가 비신자인 경우나 성경에 익숙하지 않은 경우 창세기나 시편, 잠언을 추천할 수도 있다. 창세기의 경우 율법이 있기 전의 보편적인 인간을 다루는 '이야기' 라는 점에서 유익하다. 시편은 신에 대한 호소나 저자의 감정이 잘 드러나 있어 감정적으로 이입하기가 쉽다. 잠언 역시 인간의 보편적인 지혜를 다루는 내용이 많아서 도움이 많이 된다. 그 외 다윗과 골리앗의 이야기, 모세의 홍해와 만나 이야기 등 대중적으로 많이 알려진 이야기도 접근이 용이하다.

그리고 관찰 질문, 묵상 질문, 적용 질문의 순서로 질문을 이어나가면서 피코치가 성경 이야기 속에서 자기 모습을 발견하고 하나님 뜻을 찾아갈 수 있도록 돕는다. 세 가지 영역에서 각 질문은 순서를 따라 모두 해야만 하는 질문이 아니다. 코치가 적절하게 순서와 내용을 취사선택할 수 있다. 이 질문들은 사례일 뿐이므로 하나님께서 코치에게 주시는 '고유한 영감'을 우선적으로 따라야 한다는 사실을 잊으면 안 된다.

첫째는 관찰 질문이다. 관찰 질문은 성경 본문에 나타난 인물, 사건, 배경에 대해 겉으로 드러난 객관적인 사실을 찾는 질문이다. 육하원칙을 따라서 '누가, 언제, 어디서, 무엇을, 어떻게, 왜'의 형식으로 질문한다. 사람들은 의외로 책을 읽어도 읽은 내용을 정확하게 인지하지 못할 수 있기 때문에 성경 본문이 말하는 바를 객관적으로 짚고 넘어갈 필요가 있다. 성경 내용을 정확하게 인지하지 못한다면, 이어서 묵상 질문, 적용 질문으로 확신을 가지고 나아가기가 어렵다. 다음과 같이 피코치에게 질문할 수 있다.

- 등장인물들은 누구입니까?
- 중심인물은 누구라고 생각합니까?
- 등장인물들의 외모나 신체적 특징은 어떻습니까? (얼굴, 키, 나이, 말투, 옷차림 등)
- 등장인물들은 각각 어떤 생각을 하고 있습니까?
- 이 이야기의 시간적, 공간적 배경은 어떻습니까?
- 주인공은 어떤 상황입니까?
- 어떤 사건이 일어났습니까?

- 이 사건의 원인은 무엇이었습니까?
- 본문이 말하고자 하는 메시지, 주제는 무엇입니까?
- 이 이야기에 제목을 붙인다면 무엇이라 할 수 있을까요?

둘째는 묵상 질문이다. 묵상 질문은 겉으로 드러나지 않고 숨어 있는 내용까지 탐구하고 해석하며, 나의 삶과 연결 짓는 질문이다. 묵상 질문에 대한 대답은 관찰하는 사람의 주관이 많이 반영된다. 보다 자유롭게 더 많은 상상력을 발휘할 수 있다. 당연히 대답하는 사람들 사이에 '다름'이 있을 수 있고, '다름'이 있어야만 내용에 대한 이해가 더 풍성해진다. 단 '다름'은 '틀림'이 아니라는 전제를 이해해야 한다. 좋은 묵상 질문은 본문과 내 생각, 감정, 행동, 삶을 연결 짓는 질문이다.

- 등장인물들의 성격은 어떤 것 같나요?
- 등장인물들은 왜 이런 말이나 행동을 한 것 같나요?
- 본문을 읽으면서 마음속에 일어나는 생각이나 느낌은 무엇입니까?
- 가장 크게 와 닿는 단어는 무엇이고, 그 이유는 무엇입니까?
- 본문과 당신 삶은 어떤 관련이 있습니까?
- 등장인물과 하나님과의 관계는 어떻습니까?
- 당신과 하나님과의 관계는 어떻습니까?

- 당신과 가장 비슷한 등장인물은 누구입니까? 그 이유는 무엇입니까?
- 당신이 가장 마음에 드는 등장인물은 누구입니까? 그 이유는 무엇입니까?
- 등장인물 중에서 가장 끌리는 사람은 누구이며, 그 이유는 무엇입니까?
- 성경 인물과 당신의 차이점과 공통점은 무엇인가요?
- 당신 삶에서 본문과 비슷한 경험이 있다면 말씀해주세요.

셋째는 적용 질문이다. 적용 질문은 본문을 읽고 생각의 변화, 감정의 변화, 행동의 변화를 넘어 삶의 변화를 고민하도록 요청하는 질문이다. 적용 질문은 좋은 묵상 질문이 충분히 다루어진 다음에 자연스럽게 나오는 것이 가장 이상적이다.

- 당신이 그 상황에 함께 있었다면 결과를 어떻게 바꾸고 싶습니까?
- 당신이 등장인물의 한 사람이었다면 누구를 어떻게 설득하고 싶습니까?
- 당신이 그 사람의 입장이었다면 어떤 부분은 비슷하게 행동하고, 어떤 부분은 다르게 행동했을 것 같습니까? 그 이유는 무엇입니까?

- 이 글을 읽기 전과 후의 당신 생각, 감정, 행동, 삶에 어떤 변화가 생겼습니까?
- 이 이야기에서 당신 삶을 새롭게 바라보게 하는 것이 있다면 무엇입니까?
- 이 이야기에서 얻은 교훈은 무엇입니까?
- 이 메시지는 당신을 어떻게 변화시킵니까?
- 이 메시지는 당신의 어려움을 어떻게 바라보게 합니까?
- 본문에 나타난 해결 방법은 당신의 어려움을 어떻게 해결하도록 돕습니까?
- 이 말씀은 당신 삶에 어떤 의미가 있습니까?
- 당신과 하나님과의 관계를 진전시키고, 신뢰 관계를 돈독하게 하기 위해 해야 할 것은 무엇입니까?
- 하나님께서 당신에게 원하시는 것은 무엇입니까?

다음 대화는 한 중견 기업 구매담당자인 기현 형제와의 대화이다. 이 형제와는 이미 오랫동안 정기적으로 일대일 양육을 했던 관계로 호칭 정리, 라포르 형성이 되어 있는 상태였다. 형제는 수년 동안 정기적으로 예배에 참석하였으며, 큐티도 하고 있어 성경에 어느 정도 익숙한 상황이었다. 그런데 형제가 다니는 회사의 상황이 양육 당시 기준하여 최근 수개월동안 점점 나빠졌다. 급기야 여러 거래처에서 구매했던 물품 대금 수억 원을 지불하지 않은 채 대표가 잠적하였다. 다음은 형제와의 대화 내용이다.

먼저, 코칭 주제 선정과 본문 합의 과정이다.

- **코치** : 오늘 어떤 주제로 얘기할까요?
- **피코치** : 최근 회사 상황이 점점 더 안 좋아지고 있습니다. 마음이 괴롭고 불안합니다. 도망가고 싶은 심정입니다.
- **코치** : 좀 더 자세히 말씀해주시겠습니까?
- **피코치** : 대표님이 잠적했습니다. 벌써 두 주일째 전화를 안 받습니다. 회사가 위태롭다는 소문이 나서 거래처에서 연락이 계속 오고 있습니다.
- **코치** : 마음이 많이 힘드시겠네요. 불안하고 힘들다고 하셨는데, 가장 힘든 부분은 어떤 부분인가요?
- **피코치** : 제가 구매 담당입니다. 거래처 사장님들이 거래대금 달라고 모두 저에게 연락하고 있습니다. 대표님이랑 연락이 안 되는 상황이거든요. 거래업체 사람들이 회사에도 찾아와서 저에게 매달려 돈 달라고 하니 너무나도 스트레스를 받고 있습니다.
- **코치** : 지금 심정이 어떤가요?
- **피코치** : 먼저는 대표님이 가장 원망스럽습니다. 누구보다 앞서서 책임져야 할 분이 잠적했으니, 도망간 거나 마찬가지거든요. 거래처 분들에게는 죄송하죠. 줘야 할 돈을 못 주고 있으니까요. 사실 그분들이 가장 큰 피해자죠. 그런데 그 돈을 제가 개인적으로 물

어낼 수는 없잖아요. 내가 쓴 것도 아닌데. 그런데 저에게 돈 내놓으라고 하니깐 저도 너무 억울하고 화가 나죠. 하나님께도 사실 섭섭해요. 왜 이렇게 내버려 두시는지 알 수가 없어요.

• 코치 : 그러시군요. 저도 참 안타깝네요. 대표님이 잠적하였는데, 형제가 전화를 계속 받는 이유는 무엇인가요?

• 피코치 : 사실 저도 전화받고 싶지 않습니다. 저도 너무나도 도망가고 싶습니다. 어쩌면 제가 예수님을 믿지 않았다면 저도 그분들 전화를 받지 않았을 것 같아요. 그런데 양심상 그렇게 못하겠습니다. 제가 담당자로서 돈을 드릴 수는 없지만 최소한 전화는 받고 죄송하다고 말씀은 드려야 할 것 같아서요.

• 코치 : 형제의 마음이 참 선함을 느낍니다. 형제도 많이 힘들텐데 본인이 할 수 있는 선에서 책임지려는 모습은 참 훌륭하다고 생각합니다. 이 부분은 하나님께서도 인정해주실 것이라 생각합니다. 오늘 대화를 마칠 때 어떤 결과가 있으면 만족할 수 있을까요?

• 피코치 : 일단 제 마음의 평안을 찾았으면 좋겠습니다. 문제를 해결할 수 있으면 더욱 좋고요. 지금은 마음이 너무 괴로워서 잠도 잘 못 자요.

• 코치 : 네, 너무 힘드실 것 같아요. 저도 최선을 다해 도와드릴게요. 지금 말씀하신 것을 한 문장으로 정리해주세요.

• 피코치 : '마음의 평안 찾기' 라고 말할 수 있겠네요.

• 코치 : 그럼 '마음의 평안 찾기' 라는 목표로 대화를 이어가도

괜찮을까요?

- **피코치** : 네, 좋습니다.
- **코치** : 형제가 이 문제로부터 자유로워졌다고 상상해 봅시다. 마음의 평안을 찾았어요. 이제 어떤 생각이나 느낌이 듭니까?
- **피코치** : 마음이 후련한 느낌이 들어요. 하나님에 대한 섭섭함도 사라지구요. 잠도 잘 잘 수 있을 것 같아요. 먹고 싶었던 것도 맛있게 먹을 수 있을 것 같아요. 상상만 해도 행복해지네요.
- **코치** : 우리 관련된 성경 말씀을 살펴봅시다. 혹시 최근에 마음에 와닿거나 지금 생각나는 성경 말씀이 있나요?
- **피코치** : 아니요. 지금 당장 생각나는 말씀은 없습니다.
- **코치** : 그러면 제가 본문을 정해도 괜찮을까요?
- **피코치** : 네, 좋습니다.
- **코치** : 우리 지난주 수요일 큐티 본문이었던 시편 69편 1~4절 말씀을 함께 읽어 봅시다.
- **다함께** : "하나님이여 나를 구원하소서. 물들이 내 영혼에까지 흘러 들어왔나이다. 나는 설 곳이 없는 깊은 수렁에 빠지며 깊은 물에 들어가니 큰물이 내게 넘치나이다. 내가 부르짖음으로 피곤하여 나의 목이 마르며 나의 하나님을 바라서 나의 눈이 쇠하였나이다. 까닭 없이 나를 미워하는 자가 나의 머리털보다 많고 부당하게 나의 원수가 되어 나를 끊으려 하는 자가 강하였으니 내가 빼앗지 아니한 것도 물어주게 되었나이다"(시 69:1-4).

이어서 관찰 질문 중심으로 코칭하는 과정이다. 본문의 내용에 집중하여 본문 자체가 무엇이라 말씀하시는지 객관적으로 관찰하는 것이 핵심이다.

- 코치 : 등장인물들은 누구누구입니까?
- 피코치 : 표제에 '다윗의 시'라고 되어 있는 것을 보니 먼저 다윗이 주인공이겠네요. 나를 미워하는 자도 나옵니다. 누군지는 정확하게 모르겠네요.
- 코치 : 이 이야기의 배경은 무엇인가요?
- 피코치 : 잘 모르겠습니다. 다윗이 억울한 상황인 것 같네요.
- 코치 : 네, 잠깐 설명해 드리자면 사무엘하 15장에 기록된 아들 압살롬의 반란이나 열왕기상 1장에 기록된 아들 아도니야의 반역이 배경인 것으로 추정됩니다. 아들과 신하들이 다윗에게 반란을 일으킨 상황이에요.
- 피코치 : 네, 그렇군요. 다윗도 배신감이나 억울함에 많이 힘들었겠네요.
- 코치 : 다윗의 심정은 어떤 것 같나요?
- 피코치 : 곧 죽을 것 같은 심정이었겠네요. 큰물이 내게 넘친다고 한 것을 보면 다윗의 상황이 마치 물에 빠져 곧 죽을 것 같은 절박함이었던 것 같아요.
- 코치 : 또 어떤 심정이었을까요?

• 피코치 : '나를 미워하는 자가 나의 머리털보다 많다'고 한 걸 보면 막막했을 것 같아요. 그리고 '내가 빼앗지 아니한 것도 물어주게 되었다'라고 한 걸 보면 많이 억울했겠네요.

• 코치 : 이 사건에 제목을 붙인다면 무엇이라고 붙일 수 있을까요?

• 피코치 : '하나님께 억울함을 호소하는 다윗'이라고 붙이고 싶어요.

다음은 묵상 질문 중심으로 코칭하는 과정이다. 묵상 질문을 할 때 "우리가 '마음의 평안 찾기'라는 주제로 대화를 나누고 있는데요"라는 멘트를 하면서 코칭 목표에서 벗어나지 않도록 안내할 필요가 있다.

• 코치 : 우리가 '마음의 평안 찾기'라는 주제로 대화를 나누고 있습니다. 본문에서 가장 와 닿는 단어는 무엇이고, 그 이유는 무엇입니까?

• 피코치 : 시편 69편 4절에 "내가 빼앗지 아니한 것도 물어주게 되었다"라는 부분이 가장 와 닿습니다. 마치 저의 상황과 비슷한 것 같아요. 거래처도 물론 피해자이지만 저에게 책임지라고 하는 건 너무한 것 같아요. 대표님이나 회사가 책임져야 할 일이라고 생각하는데….

· 코치 : 형제의 억울한 마음이 잘 느껴지네요. 본문을 읽으면서 마음속에 일어나는 생각이나 느낌은 무엇입니까?

· 피코치 : 하나님께서 나의 상황을 아시는 것 같다는 생각이 듭니다. 다윗의 억울한 심정이 저의 억울한 심정과 비슷한 것 같아요. 하나님께서 내 모든 사정을 보고 계신 것처럼 느껴집니다.

· 코치 : 저도 그렇게 생각합니다. 하나님께서 보고 계신다고 믿어요. 여기서 하나 더 확인해보고 싶어요. 다윗과 하나님과의 관계는 어떻습니까?

· 피코치 : 상황은 힘든 게 분명한데, 다윗은 그 와중에 하나님께 부르짖고 있네요. 하나님과의 관계는 좋아 보입니다. 부럽네요.

· 코치 : 형제는 지금 하나님과의 관계가 어떤가요?

· 피코치 : 저는 많이 힘듭니다. 솔직히 하나님 원망도 했었습니다. 유독 나만 더 힘들게 사는 것 같아서요.

· 코치 : 다윗과 형제의 공통점과 차이점은 무엇인가요?

· 피코치 : 공통점은 비슷한 상황이라는 점이에요. 다윗이나 저나 모두 억울한 심정은 비슷하네요. 차이점은 다윗은 하나님께 호소하는데, 저는 부르짖고 있지 않다는 점이에요. 다윗은 하나님께서 해결해주실 것이라는 믿음이 있었기 때문에 이렇게 절절한 심정으로 하나님께 호소했다는 생각이 드네요. 진짜 믿었기 때문에 이런 절절한 기도를 할 수 있었던 것 같아요.

· 코치 : 본문과 형제의 삶은 어떤 관련이 있습니까?

• 피코치 : 네, 상관이 있는 정도가 아니라 꼭 제 얘기 같아요. 억울함이라든가 빼앗지 아니한 것을 물어주게 생겼다든가 하는 부분이 특히 그러네요.

이어서 적용 질문 중심으로 코칭하는 과정이다. 적용 질문에서도 "우리가 '마음의 평안 찾기' 라는 주제로 대화를 나누고 있는데" 라는 멘트를 하면서 코칭 목표에서 벗어나지 않도록 안내할 필요가 있다.

• 코치 : 우리가 '마음의 평안 찾기' 라는 주제로 대화를 나누고 있습니다. 이 이야기에서 나의 삶을 새롭게 바라보게 하는 것이 있다면 무엇입니까?

• 피코치 : 제 상황과 시편 69편의 상황이 너무나도 유사합니다. 이를 통해 하나님께서 나를 지켜보고 계시다는 확신을 얻게 되었습니다. 마음이 조금 안심됩니다. 하나님께서 과연 나를 도와주실까 이런 의문이 있었거든요. 하나님께서 나에게 관심이 있으신지 의심도 들었고요.

• 코치 : 이 글을 읽고 나기 전과 후에 생각, 감정, 행동, 삶에 어떤 변화가 생겼습니까?

• 피코치 : 저도 다윗처럼 하나님의 도우심을 확신하고 부르짖어야겠다는 생각이 들었습니다. 마음의 평안까지는 아닐지라도 어

느 정도 안정을 찾은 것 같아요. 하나님께서 보고 계신다고 생각하니 힘이 납니다. 하나님께서 어떤 방향이든 해결해주실 것이라는 믿음이 생기네요.

• 코치 : 하나님께서 형제에게 지금 원하시는 것은 무엇이라고 생각하나요?

• 피코치 : 하나님은 자신에게 다가오길 원하시는 것 같아요. 다윗처럼 하나님의 도우심을 믿고 부르짖으며 기도하길 원하시는 것 같네요.

• 코치 : 앞으로 일주일 동안 무엇을 실행하면 좋을까요?

• 피코치 : 매일 저녁 자기 전에 30분씩 하나님 앞에 나아가서 다윗처럼 기도하겠습니다.

• 코치 : 우리가 한 시간 동안 대화를 나누었습니다. 대화하면서 새롭게 깨달은 것이나 유익한 점이 있다면 마지막으로 나누어주세요.

• 피코치 : 하나님께서 내 사정을 다 아시는구나. 하나님께서 나를 지켜보고 계시는구나 깨달았어요. 그러자 마음이 평안해졌어요. 이제 기도하면서 마음을 지켜나가면 될 것 같아요. 회사 문제는 어떻게든 해결될 수 있을 것 같다는 생각이 들고요. 저도 힘들겠지만 회사와 대표님을 위해서, 거래처 사장님들을 위해서도 기도해야겠다는 생각이 드네요.

• 코치 : 저도 형제님을 위해 기도하며 응원하겠습니다. 우리 대

화를 마쳐도 될까요?

- **피코치** : 네, 코치님. 감사합니다.

코칭으로 성품을 훈련하라

　모든 사람은 고유의 성질이나 됨됨이를 가지고 있다. 이를 성격, 성품, 인격 등의 단어로 부른다. 관련 서적이나 사전에 따라서 성격, 성품, 인격을 다르게 설명하기도 하고 비슷하게 설명하기도 한다. 이 책에서는 세 가지 단어를 비슷한 의미로 사용한다. 성품을 대표 단어로 사용하되 문맥에 따라서는 자연스러운 단어를 혼용한다.

　분명한 점은 사람에게는 '고유한 성질이나 됨됨이'가 있다는 사실이다. 그리고 성품은 유전적 요인과 같이 선천적인 부분이 있고, 환경적 요인이나 훈련과 같이 후천적인 부분이 있다. 선천적인 부분이 큰 영향을 미치기 때문에 후천적으로 성품이 변화하기에는 큰 에너지가 들어가고 지속적인 훈련이 필요하다.

　성령의 열매에는 내적 열매, 외적 열매가 있다. 성령의 외적 열매는 '성령의 9가지 은사', 즉 지식의 말씀, 지혜의 말씀, 영 분별, 방언, 통변, 예언, 믿음, 병 고침, 능력 행함(고전 12:8-10)이다. 성령의 내적 열매는 사랑, 희락, 화평, 오래 참음, 자비, 양선, 충성, 온유, 절제(갈 5:22-23)이다. 여기에 예수님께서 말씀하신 '겸손'(마

11:29)을 추가하여 10가지 대표적인 성품이 있다.

신앙의 성숙과 성품의 성숙은 일치해야 한다. 아쉽게도 신앙 연수는 수십 년인데, 인격적인 수준은 떨어지는 사람을 교회에서 쉽게 만날 수 있다. 자기를 높이고 자기만 주목받고 싶은 사람, 다른 사람을 깎아내리는 사람, 다른 사람의 사역을 폄하하는 사람, 화를 절제하지 못하는 사람, 욕을 입에 달고 다니는 사람, 가족을 학대하는 사람 등 온갖 종류의 미성숙한 사람을 교회 안에서 마주친다. 중요한 점은 신앙 연수가 길어질수록 인격적으로 성숙해야 한다는 점이다. 이를 스스로 살펴야 한다. 특히나 사역자라면 더욱 그렇다.

다음과 같은 질문을 시작으로 자기 훈련과 성령님의 도우심을 통해 성품을 개발할 수 있다.

- 내 성품의 강점은 무엇인가요?
- 내 성품에서 선천적인 부분과 후천적으로 개발된 부분을 나누어서 기록해보세요.
- '성령의 열매 9가지+겸손'이라는 10가지 성품 중에서 지금 가장 관심이 가는 성품은 무엇인가요?
- 하나님께서는 내 성품이 어떻게 성숙하길 원하실까요?
- '성령의 열매 9가지+겸손'이라는 10가지 성품에서 현재 내 모습과 원하는 미래 모습을 상상해보세요.

성품과 관련하여 권영애는 「자존감, 효능감을 만드는 버츄프로젝트 수업」에서 다음과 같이 아이들을 지도한다고 말했다.

"사람에게는 1%의 '보이는 나'와 99%의 '보이지 않는 나', 즉 '큰 나'가 있다. 그 '큰 나'에게는 자고 있는 52가지 미덕의 원석들이 있다. 그들은 주인이 깨워주기를 기다리고 있다. 또한 지금까지 겪은 오감의 경험들이 행복한 경험들은 밝은색으로, 불행한 경험들은 어두운색으로 저장되어 있다. 따뜻한 경험이 많을수록 52가지 미덕을 깨우기가 더욱 쉽다. 자신을 '보이는 나'로만 살아온 아이들은 99%의 '보이지 않는 나'를 볼 수 있게 되면 놀랍게 변화한다. '큰 나'는 아이들에게 희망이다."

한국버츄프로젝트에서 나온 '미덕의 보석함 버츄카드'는 성품을 훈련하기에 유익하다. 52가지 미덕에는 감사, 배려, 유연성, 창의성, 봉사, 책임감, 겸손, 사랑, 관용, 인정, 끈기, 평온함, 열정, 너그러움, 정직, 예의, 화합, 용서 등이 있다.

개인적으로 성찰할 경우 다음과 같은 순서를 따른다.

- ● "오늘 내게 어떤 미덕이 필요할까?" 질문한다.
- ● 눈을 감고 카드 한 장을 무작위로 뽑는다.
- ● 뽑은 카드를 낭독하고 음미한다.

● 정해진 기간에 실천하도록 노력한다.

그룹으로 성찰할 경우 다음과 같은 순서를 따른다.

● 차분한 마음으로 카드를 한 장씩 뽑는다.
● 낭독하고 영감을 서로 나눈다. 자기 삶과 연관 지어 그 미덕
  이 어떤 확신을 심어주는지, 혹은 어떤 새로운 통찰을 제공해
  주는지 이야기한다.
● 조용히 경청하고 이야기를 발견한 미덕을 인정한다.

코칭으로 정서를 순화하라

정서란 사람의 마음에 일어나는 여러 가지 감정, 또는 감정을 불
러일으키는 기분이나 분위기를 뜻한다(네이버 국어사전). 「한국형
정서코칭을 말한다」에서는 희망, 기쁨, 사랑, 즐거움, 두려움, 슬픔,
미움, 분노 8가지 '정서'를 제안하며, 다음과 같이 설명하였다. "감
정적 경험을 잘 설명하는 정확한 감정어를 찾는 것이 중요하다. 감정
에 맞는 이름을 붙이면 자아 인식력이 높아지고, 사회적 의사소통을
할 때 오해를 줄일 수 있으며, 감정을 효율적으로 전달할 수 있다."
최성애, 조벽은 「청소년 감정코칭」에서 '감정 코칭 5단계'를 다

음과 같이 설명하였다. 책의 내용은 청소년을 대상으로 하였으나 성인 코칭의 상황에도 동일하게 적용할 수 있다.

- **1단계.** 감정을 포착한다. 코치는 "지금 기분이 어떠세요?"라고 질문하여, 행동보다 감정을 먼저 읽도록 노력한다. 아이 표정에 나타나는 감정에는 분노, 경멸, 혐오, 공포, 기쁨, 흥미, 슬픔 등 보편적인 7가지 감정이 있지만 그 외에 수많은 이차 감정이 있다. 감정을 단정 짓기 전에 탐색과 대화를 통해 확인하는 과정을 거친다.
- **2단계.** 강한 감정을 표현할수록 좋은 기회다. 피코치가 감정을 강하게 드러낼수록 좋은 기회이다. 부드럽게 반응하여 아이가 안전감을 느끼게 해야 하며, 아이의 편이 되어주는 '변호사' 역할을 해야 한다.
- **3단계.** 감정을 들어주고 공감한다. 아이의 이야기를 잘 들어주고 수용해주고 감정에 공감해주는 것이 핵심이다. 수용, 경청, 공감을 잘하려면 양육자가 자신의 감정과 생각을 먼저 알아차려야 한다. 문제 해결에 급급하지 말고 열린 질문으로 탐색해야 한다.
- **4단계.** 감정에 이름을 붙인다. 감정에 이름을 붙이면 불확실한 감정이 명료화되어 논의하기가 쉬워지고 대처법을 찾기가 쉬워진다.
- **5단계.** 바람직한 행동으로 이끈다. 아이가 스스로 해결책을 찾도록 이끌어준다. 아이가 해결책을 생각하지 못할 때는 조심스럽

게 제안해도 좋다.

이지연은 「리질리언스 코칭」에서 다음과 같이 '감정 코칭 대화 프로세스 4단계'를 제시하였다.

- 1단계. **질문하기.** 코치는 "요즘 마음이 어때요?"라고 질문한다.
- 2단계. **감정 네이밍.** 감정의 진짜 이름을 찾는다.
- 3단계. **이야기.** 감정 뒤에 숨겨진 스토리 경청한다.
- 4단계. **공감 질문.** 질문을 통해 핵심에 닿은 공감을 찾고 상대에게 정확히 공감한다.

코칭을 통해 정서를 순화하는 방법은 다음 두 가지가 핵심이다. 첫째, 코치가 감정 질문을 하여 피코치가 자신의 감정을 표현할 수 있도록 기회를 만든다. 코치가 "지금 어떤 기분이 어떠세요?" "최근 주된 감정은 무엇인가요?"라고 질문하는 것이 감정 코칭의 시작이다. 피코치는 자신의 감정을 드러내기 시작할 수 있다. 피코치가 정서를 표현하는 과정에서 자연스럽게 '감정을 느끼게 된 계기'에 대한 이야기를 풀어낸다. 피코치는 자신의 감정을 솔직하게 표출할 수 있게 된다. 어느 정도 표출하게 되면 자신의 감정을 객관적으로 바라볼 수 있게 되어, 감정에 '이름'을 붙일 수 있게 된다.

다음과 같은 코칭 질문을 통해 정서를 표현할 수 있도록 돕는다.

- 지금 기분이 어떠신가요?
- 최근 주된 감정은 무엇인가요?
- 지금 기분을 색깔로 표현한다면 무슨 색깔인가요?
  왜 그렇게 생각하시나요?
- 그때 어떤 감정을 느끼셨나요?
- 방금 말씀하신 두려움(슬픔, 분노, 미움)의 반대 감정은 무엇
  일까요?
- 반대 감정을 느꼈던 경험을 얘기해주세요.
- 최근에 감동받았던 경험을 얘기해주세요.

억압된 분위기, 권위주의 부모 아래에서 자란 사람은 감정을 표현하기 어려워한다. 이런 사람일수록 더욱 부드럽게 인내하며 기다릴 필요가 있다. 자기 이야기를 해도 받아준다는 신뢰감을 주어야 한다. 피코치에게 표현되지 않은 감정들, 특히 부정적인 감정들이 내면에 쌓이게 되면 그 사람의 내면은 그 감정들을 해소하지 못하고 뒤틀리게 된다. 결국 자신이나 타인에게 고통을 주는 인격 장애로 나타날 가능성이 커진다.

자신의 정서를 스스로 해소하고자 할 때는 '영혼육사'의 순서를 따라야 한다. 먼저 영적으로 하나님께 자신의 감정을 호소한다.

"백성들아 시시로 저를 의지하고 그 앞에 마음을 토로하라. 하나님은 우리의 피난처시로다(셀라)"(시 62:8).

자기가 느끼는 모든 긍정적, 부정적 감정을 하나님 앞에 토로하는 것으로 감정이 다스려진다. 또한 성경을 읽으면서 성경 인물과 사건에 감정을 이입할 때도 정서가 순화된다. 그다음 심리적으로 표현할 수 있다. 자신의 감정을 글로 옮긴다든지, 말로 한다든지 등 다양하게 표현할 수 있다. 그리고 육체적으로도 표출할 수 있다. 여러 가지 스포츠 활동을 하면서 땀 흘리고 몰입하는 경험은 정서를 부드럽게 만든다. 시 낭독이나, 그림 그리기, 악기 연주하기, 영화 감상, 목공, 식물이나 동물 기르기, 낚시 등의 취미 활동도 큰 도움이 된다. 마지막으로 사회적인 방법으로 다양한 사람을 만나 소통하며 공감하고 대화하며 감정을 풀 수 있다.

감정을 표현할 때 '영혼육사' 라는 순서를 따라야 한다는 점이 중요하다. 실연당해 우울하다고 가정해보자. 먼저 친구를 만나서 자신의 우울한 감정을 토로하면 단기간에는 마음이 시원해지기도 하고 위로도 얻을 수 있다. 정말 급할 때 일시적으로 그렇게 해소할 수 있다. 그런데 이런 식으로 자신의 부정적 감정, 즉 슬픔, 우울, 분노, 두려움 등을 사람에게 먼저 토로했을 때 꾸준히 들어주며 버틸 수 있는 사람이 많지 않다. 대부분의 사람이 질려버릴 것이다.

이처럼 장기간 지속적으로 상대방을 내 '감정 쓰레기통' 으로 대한다면 관계가 망가질 수 있기에 '영혼육사' 라는 순서를 지켜야 한다. 하나님께 먼저 토로하고 자신이 할 수 있는 것을 하고 사람을 만나 공감을 얻는 순서로 감정을 다룬다면 부작용이나 대인 관계를 해치는 위험 없이 감정을 순화할 수 있다.

코칭을 통해 정서를 순화하는 둘째 핵심은 코치가 피코치의 감정을 공감하는 것이다. 감정을 잘 표현할 수 있도록 적절하게 질문하였다면, 피코치는 안전감을 느끼고 자신의 감정을 솔직하게 드러낼 수 있다. 코치는 피코치가 감정을 표현할 때 충분히 들어준다. 코치가 표현된 감정을 인정하고 포용하면 그 감정은 서로 공유된다. 긍정적인 감정, 즉 사랑, 희망, 즐거움, 기쁨은 배가되고, 부정적인 감정, 즉 두려움, 슬픔, 미움, 분노는 절반이 된다.

감정을 공유하면 감정이 순화된다. 코치가 피코치의 감정을 공명할 때 피코치 마음속에는 안도감이 든다. '내가 느끼는 감정이 잘못된 것이 아니구나. 내가 이상한 사람이 아니구나' 하며 마음을 놓을 수 있다. 두려움이 100 정도였다가 50 으로 줄어든다면, 피코치 마음에 공간이 생기고 안도의 한숨을 내쉰다. 마음에 여유가 생긴 피코치는 자기 상황을 객관적으로 볼 수 있는 힘이 생긴다. 이후 적절한 코칭 대화를 이어간다면 피코치는 자기 감정을 조절할 수 있게 되고 자기만의 길을 발견할 수 있게 된다.

「한국형 정서코칭을 말한다」에서는 정서에 관한 성찰 질문을 다음과 같이 제시한다. 이 질문들을 활용하여 위에서 제시한 순서를 따라 정서 코칭을 할 수 있다. 스스로 이 질문들을 하면서 셀프 코칭을 할 수도 있다.

- 어린 시절 자주 느꼈던 정서는 무엇인가?
- 부모님에게 가장 많이 느꼈던 감정은 무엇인가?
- 가장 기뻤던 일은 무엇인가?
- 화가 났을 때 그 느낌은 어떻게 설명할 수 있을까?
- 지금까지 살아오면서 가장 즐거웠던 때는 언제인가?
- 처음 느낀 죽음은 언제였으며, 그때 감정은 어떠했는가?
- 우울할 때 어떤 행동을 하는가?
- 두려웠던 상황은 언제인가?
- 감정을 털어놓기 쉬운 상대방은 누구인가?
- 가장 허무해질 때는 언제인가?

Part 3은 '구역장과 셀리더의 사역을 코칭하라' 라는 주제이다.

6장은 '구역장과 구역 사역, 셀리더와 셀 사역을 코칭하라' 이다. 구역장과 셀리더가 코치가 되어야 하는 이유, 소그룹 순서지를 코칭형으로 구성하고 인도하는 법, 구역장/셀리더의 사역을 코칭하는 원리와 사례를 자세히 소개하였다.

7장은 '코칭으로 전도하라' 이다. 일반적인 전도, 코칭식 전도, 관계 전도의 유사점과 차이점을 설명하였다. 코칭으로 전도하는 방법, 코칭으로 전도 대상자와 신뢰 관계를 형성하는 노하우, 전도팀을 팀 코칭하는 법을 서술하였다

-P·A·R·T·3-

구역장과
셀리더의
사역을
코칭하라

CHAPTER 06

구역장과 구역 사역,
셀리더와 셀 사역을 코칭하라

"사람의 마음에 있는 모략은 깊은 물 같으니라. 그럴지라도 명철한 사람은 그것을 길어 내느니라"(잠 20:5).

구역장과 셀리더는
코치가 되어야 한다

구역장과 셀리더가 구역(소그룹, 셀)에서 하는 역할은 다양하다. 기본적으로 구역원을 섬기는 엄마와 같은 역할, 어려운 일이 있을 때 들어주고 상담해주는 상담자 역할, 성경을 가르치는 교사 역할, 신앙생활을 독려하는 영적 멘토 혹은 아버지의 역할 등을 하게 된다. 이는 교회와 구역원 모두에게 유익한 모습임이 분명하다.

구역장은 구역원에게 어려움이나 문제가 닥쳤을 때 상담해주는 상담자 역할을 많이 감당하게 된다. 하지만 전문적인 상담 훈련을 받는 데는 시간과 재정적인 부담이 크다. 자연스레 전문성을 갖지 못한 채 상담을 진행하고, 이는 잘못된 진단과 처방으로 이어져 또 다른 문제를 야기하게 된다. 이런 경우 오히려 '경청과 위로', 그리고 '중보기도'의 역할을 수행하는 것이 바람직하다. 여기에 코치의 자리가 있다. 코치는 문제를 해결해주는 것이 아니라 경청과 질문을 통해 피코치(구역원, 셀원)가 관점 전환, 사고 확장, 에너지 상승하여 스스로 문제를 이겨나갈 수 있도록 도울 수 있기 때문에 구역원에게 비교적 손쉽게 실제적인 도움을 줄 수 있다.

김학중은 「코칭 리더십으로 교회 살리기」에서 셀리더의 역할은 영적인 부분에만 한정되지 않고, 삶의 전체를 아우르는 '라이프 코치'가 되어야 한다고 강조했다. 라이프 코치인 구역장은 구역원의 가정생활, 건강, 경제적 문제, 인간관계, 삶의 목표와 가치관, 생활 습관 등 일상의 다양한 문제를 성경을 기준으로 함께 생각하고 스스로 결정할 수 있도록 돕는다.

소그룹 순서지를
코칭형으로 구성하라

대부분의 교회에서 구역(소그룹, 셀, 목장)을 운영하고 있다. 구역 모임을 운영하는 방식은 다양하다. 보통은 교회에서 배포하는 '구역 나눔 순서지'를 따라 구역장과 구역원이 찬양하고 함께 읽어 나가는 방식으로 구역 예배를 드린다. 구역 예배를 마친 후 식사나 친교의 시간을 가지는 방식으로 많이 운영된다. 구역 모임에 소요되는 전체 시간은 짧게는 1시간에서 2~3시간까지 걸릴 수 있다. 이 방식은 구역장에게 부담이 가장 적고 구역장이 많은 훈련을 받지 않아도 인도가 가능하다는 장점이 있다. 하지만 이 방식은 말씀과 간증을 생동감 있게 나누기 어렵다는 단점이 있다. 모임 순서 중간 중간에 코칭형 질문을 배치하면 이런 단점을 보완하여 개선할 수 있다.

구역/셀 모임 순서지 개선 방안으로 '5W + 코칭형 질문 순서지'를 제안한다. 이 방식은 기존에 사용되는 '5W'에 코칭형 질문을 추가한 순서지를 활용한다. 먼저 5W를 알아보자. 류영모는 「G12 셀 리더십」에서 셀모임(구역 모임, 소그룹, 목장모임)의 구성을 5W로 설명하고 있다. 5W는 각각 Welcome(환영하기), Worship(경배하기), Word(말씀 나누기), Witness(복음 전파), Work(사역하기)이다. 5W는 구역원/셀원들이 그리스도의 임재, 능력, 목적을 경험함으로 그리스도를 더욱 열망하게 하고, 서로를 사랑 안에서 세워주며, 불신자를 향한 그리스도의 열정에 헌신하도록 돕는다.

다음은 '5W + 코칭형 질문 순서지'로 구역 모임을 진행하는 사례이다. 각 교회의 상황에 맞게 이름이나 순서를 수정하여 사용할 수 있다.

첫째, Welcome(환영하기)이다.

구역원/셀원들이 처음 모였을 때 서로 환영하면서 어색한 분위기를 따뜻한 분위기로 전환하는 시간이다. 겨울에는 따뜻한 차, 여름에는 시원한 음료를 준비하여 마시면서 서로의 근황을 나눈다. 이 대목에서 구역장은 다음과 같은 코칭 질문을 사용할 수 있다.

● 지난 한 주 동안 감사한 일이 있다면 말씀해주세요.
● 지난 한 주 동안 하나님을 체험한 일이나 기도 응답받은 일이 있다면 말씀해주세요.
● 지난 한 주 동안 은혜받고 체험한 성경 말씀을 나누어주세요.

Welcome(환영하기)의 핵심은 자기 삶을 긍정적인 시각으로 바라보고 삶의 어두운 면이 아니라 밝은 면을 바라볼 수 있도록 질문하는 것이다. 우리의 일상에는 힘든 일이 많지만 그 와중에 하나님의 손길을 느낄 수 있도록 생각을 자극한다는 데 의미가 있다. 그래서 Welcome(환영하기) 시간은 단순히 웃고 잡담하는 시간 아니라 그 이상의 의미를 담고 있다. 공통적으로 대화에 참여할 수 있는 주제를 선정하는 것이 중요하다.

성탄절이라든지, 새신자를 초청한 날이라든지, 특별한 순서로 진행할 경우에는 일반적인 아이스 브레이크 질문이나 부록에 수록한 솔라리움, 인생 그래프, 휠 라이프, 기타 다양한 질문 카드 등을 활용하면 분위기를 따뜻하게 만드는 데 도움이 된다.

둘째, Worship(경배하기)이다.

구역원/셀원들이 분주한 일상 가운데 살다가, 다시 한번 마음을 주님께 집중하는 시간이다. 주님의 임재 안에 들어가도록 주님께 마음과 뜻을 집중한다. 끊임없이 주님께 마음을 쏟지 않으면 우리는 쉽게 세속화되어 버리고, 마음과 생각이 세상 풍파에 휩쓸리게 된다. 마음을 주님과 합하고 내 마음을 성경적인 생각과 감정으로 가득 채우려고 날마다 애써야 한다. 어느 정도 성숙한 성도로 구성된 구역이라면 구역장은 구역원들에게 다음과 같은 질문을 사용할 수 있다.

- 한 주 동안 은혜받은 찬송가나 CCM이 있다면 나눠주세요. 언제 어떤 상황에서 많이 부르셨고 어떤 부분이 은혜가 되었나요?
- 좋아하는 찬송가나 CCM이 있다면 말씀해주세요. 좋아하는

이유도 함께 부탁해요.

● 부르고 싶은 찬송가나 CCM이 있다면 말씀해주세요.

한 사람이 제목을 나누고 찬송에 얽힌 자기 스토리를 이야기하고 함께 찬송을 부른다. 악보, 가사, 음원은 인터넷에서 검색하여 '구역 카톡방' 등을 통해 즉석에서 공유할 수 있다. 찬송을 부른 후, 다른 사람이 제목을 나누고 같은 순서를 반복한다. 2~3명 정도 시간과 분위기를 고려하여 부른다. 이런 나눔을 할 수 있을 정도로 성숙하지 않은 구역이나, 구역원의 나눔이 활발하지 않은 경우에는 찬양 인도자와 구역장이 한 곡 정도씩 미리 준비하여 진행한다. 가장 성숙한 구역원 한두 사람에게 미리 부탁하는 것도 좋은 방법이다. 다른 구역원들이 차츰 적응하면 자연스럽게 미리 준비하여 참여한다.

<u>셋째, Word(말씀 나누기)이다.</u>

구역원/셀원들이 말씀을 묵상하고 자기 삶과 연결하여, 삶 속에서 하나님의 뜻을 발견하고, 체험하고, 간증하는 시간이다. 이 시간에 구역원들은 자기 삶을 말씀과 관련지어 투명하게 오픈하고 믿음으로 사는 삶을 나누면서 서로에게 건강한 영적 도전을 준다. 이 시간은 구역장이 설교하는 시간이 아니다. 구역장이 구역원들에게 일방적으로 말씀을 가르치는 시간이 아니라는 점을 기억해야 한다. 구

역장은 성령께서 각 구역원에게 감동을 주셔서 구역원 스스로 생각과 결단과 간증을 나누도록 인도한다.

본문은 주일 설교 본문 말씀이 될 수도 있다. 목회자의 설교를 요약한 내용을 함께 읽고, 받은 은혜를 나누는 경우도 있다. 주일 설교와 별개로 설교 본문을 다시 읽고 준비한 질문으로 나눌 수도 있다. 구역 모임을 위한 성경 본문을 따로 선정하는 경우도 있다. 선택은 교회의 상황에 따라 목회자가 결정한다.

질문의 전체 틀은 '5장. 성경적 코칭으로 리더를 양육하라'의 관찰 질문, 묵상 질문, 적용 질문의 내용과 순서를 따른다. 단 정해진 시간에 여러 사람이 나눔을 하므로 묵상 질문, 적용 질문 중심으로 두세 가지 질문을 하고 순서를 따라 나누는 것이 유익하다. 특별한 경우가 아니라면 한두 사람이 많은 시간 말하지 않도록 '1인당 3분 이내로 나눔'과 같이 시간 사용의 원칙을 정해 두는 것이 유익하다. 다음과 같은 공통 질문 중에서 본문에 적합한 질문을 선택하여 질문한다.

- 성경 말씀 중에서 가장 와닿은 부분이 있다면 어디인가요? 그이유는 무엇인가요?
- 이 말씀은 당신의 삶에 어떤 의미가 있습니까?
- 본문 말씀과 관련하여 하나님께서 당신에게 원하시는 것은 무엇입니까?

- 이 글을 읽기 전과 후에 당신의 생각, 감정, 행동, 삶에 어떤 변화가 생겼습니까?
- 이 이야기에서 당신의 삶을 새롭게 바라보게 하는 것이 있다면 무엇입니까?
- 성경 인물과 당신의 차이점과 공통점은 무엇인가요?
- 당신과 하나님과의 관계를 진전시키고, 신뢰 관계를 돈독하게 하기 위해 해야 할 것은 무엇입니까?

성경 본문에 따라서는 좀 더 직접적이고 구체적인 질문을 할 수도 있다. 예를 들어 "여호와께서 아브람에게 이르시되 너는 너의 고향과 친척과 아버지의 집을 떠나 내가 네게 보여 줄 땅으로 가라. 내가 너로 큰 민족을 이루고 네게 복을 주어 네 이름을 창대하게 하리니 너는 복이 될지라"(창 12:1-2). "믿음으로 아브라함은 부르심을 받았을 때에 순종하여 장래의 유업으로 받을 땅에 나아갈새 갈 바를 알지 못하고 나아갔으며"(히 11:8)라는 본문을 읽고 나서 '순종'을 키워드로 다음과 같은 구체적인 질문을 할 수 있다.

- 하나님이 아브라함에게 목적지를 알려주시지 않은 이유는 무엇입니까?
- 아브라함이 목적지(갈 바)를 알지 못했지만 순종할 수 있었던 이유는 무엇입니까?

● 이유를 알지 못한 채 순종한 경험이 있습니까?

질문할 때는 단답식 질문, 닫힌 질문, 정답이 있는 질문은 지양하고, 사람마다 각자 고유한 대답을 할 수 있는 열린 질문 중심으로한다. 닫힌 질문을 하게 되면 문제의 답을 맞히는 데 집중하게 된다. 열린 질문을 해야 구역원들이 자유롭게 자신의 삶을 말씀으로 비추어 볼 수 있다.

구역 모임은 그리스도의 이름 아래, 말씀 중심으로 교제하는 시간이다. '말씀대로 살았더니 하나님께서 이런 은혜를 주셨다.' '어려운 문제가 생겨서 기도하고 성경을 보았더니 이런 말씀이 있었다. 순종했더니 문제가 해결되었다.' 이런 내용의 나눔이 가장 이상적이다. 특히 구역 모임 중에 정치, 성적 농담, 뒷말, 논쟁하지 않도록 주의해야 한다. 자칫 마음이 상하거나 다툼이 일어날 수 있기 때문이다. 사람은 의외로 작은 일에도 마음이 상하고 관계가 멀어진다.

아픔, 걱정, 소원, 성공, 열망, 고통, 어려움 등 모든 이야기를 할수 있으나 하나님 중심, 말씀 중심으로 해야 한다. 내 삶은 힘들고 어렵지만 하나님 말씀으로 이겨나가고 있다는 방식으로 말하도록지도해야 한다. 어떤 경우에는 하나님께서 말씀하셨지만 자신이 나약하여 말씀대로 살지 못했다고 말할 수도 있다. 이런 나눔도 훌륭하다. 절망에서 일어나 다시 말씀대로 살겠다고 고백하고 서로 격려하면 힘이 생긴다. 말씀과 삶을 끊임없이 연결하는 것이 영적 에너지를 얻는 동력이다.

비밀 유지는 공동체의 기본적인 소양이다. 나쁜 공동체는 구역
에서 했던 말이 구역 밖으로 돌아다닌다. 만일 어렵게 속마음을 이
야기했던 사람이 자기 말이 떠돌아다닌다는 사실을 알게 되면 공동
체에 실망하게 된다. 특히나 말이란 부정적이거나 과장되어 전달되
기 쉬우므로 특별히 주의해야 한다.

넷째, Witness(복음전파)이다.

이 시간은 구역원/셀원들이 영혼 구원의 열정을 공유하는 시간
이다. 한 주 동안 각자의 태신자(전도 대상자)와 어떻게 만났고 어떤
이야기를 나누었는지 공유한다. 전도 대상자가 어떤 상태인지 기도
제목을 나누며 함께 중보기도한다. 이 시간을 통하여 구역이 구역
안에 안주하는 것이 아니라 구역 외부 비신자들과 소통하고 마음을
열게 만든다. 복음 전파 시간을 통해 구역 모임은 끊임없이 새로운
영적 생명을 잉태하고 출산하는 일을 지속할 수 있다.

- 한 주 동안 태신자를 만나 섬김과 사랑을 베푼 사례를 나누어
  봅시다.
- 한 주 동안 복음 전한 이야기를 나누어 봅시다.
- 새롭게 창의적으로 복음 전할 방법이 있다면 나누어 봅시다.
- 다음 한 주 동안 태신자를 만날 계획을 나누어 봅시다.

● 새로운 전도 대상자를 만날 방법을 나누어 봅시다.

먼저 사랑을 베풀고 섬기는 데 집중한다면 구역원들이 보다 맘 편히 전도할 수 있다. 구역원 본인 생일에 태신자를 초대하여 음식을 함께 나눈다든지, 태신자의 생일날 선물하면서 축하하는 자리를 만든다든지, 음식을 만들어 나누어 먹으며 대화한다든지, 이웃집 앞의 눈을 쓸어준다든지, 친절하게 인사한다든지, 힘든 일이 있을 때 잘 들어주며 위로한다든지 등의 방식으로 사랑을 실천할 수 있다. 운동, 등산, 테니스, 탁구 등의 취미를 공유하는 것도 좋은 방법이다.

이렇게 작은 사랑의 실천 사례들이 모임 안에서 공유된다면 듣고 있던 다른 구역원들이 '나도 저 정도는 할 수 있겠다, 나도 이와 비슷한 봉사는 할 수 있겠다'는 생각을 하고, 실천하게 된다. 사랑을 실천하고, 복음을 전하는 다양한 방식과 사례가 모임 안에서 축적되고 선순환되어, 구역원들이 복음 전하는 전도자로 다들 성장하게 된다.

정기적인 교회 전도 집회가 열매를 거두는 역할을 한다. 교회마다 맞춤 전도 집회, 대각성 전도 집회, 태신자 전도 집회 등 다양한 이름과 형식으로 태신자를 초청하여 복음을 전하고 믿음의 결단을 촉구할 수 있다. 태신자가 구역 모임에 연결되고, 전도 집회를 통해 단계적으로 교회로 들어와 믿음생활 하는 것이 처음부터 교회 예배로 초청되는 것보다 자연스럽다.

다섯째, Work(사역하기)이다.

이 시간은 그리스도의 이름으로 서로를 위해 중보기도하는 순서이다. 구역원/셀원들이 서로가 성령의 능력의 통로가 되도록 기도하고, 몸과 마음이 아픈 사람들을 위해서 기도한다. 서로의 기도 제목을 나누고 서로의 필요를 위해서 중보기도 한다.

- 기도 제목을 나눠주세요.
- 요즘 가장 간절하게 가장 많이 기도하는 제목은 무엇입니까?
- 해결함받고 응답받기를 원하는 기도 제목은 무엇입니까?
- 마음의 간절한 소원은 무엇입니까?

이 시간에는 공동체의 분위기와 성숙도를 따라 다양한 모양으로 기도할 수 있다. 가장 일반적인 방식으로는 앉은 자리 그대로 순서를 따라 한 사람이 기도 제목을 나누면 나머지 사람들이 통성으로 기도할 수 있다. 어떤 때는 기도 제목을 낸 구역원이 가운데 들어가고 다른 구역원들이 둥글게 원을 이루고, 손을 어깨나 등에 대고 기도할 수 있다. 또는 둘씩 짝을 이루어 서로 제목을 나누게 하고 기도할 수도 있다.

구역장과 셀리더의
사역을 코칭하라

대부분의 교회에서 구역장을 코칭할 필요가 있다면 보통 목회자 혹은 훈련받고 위임받은 평신도 코치가 그 역할을 맡는다. 목회자 (평신도 코치)는 구역장을 코칭할 때 '전인적 돌봄' '사역적 돌봄' 이라는 두 가지에 집중해야 한다. 목회자는 구역장이 먼저 자기 삶을 말씀 위에 견고히 세우고 사역에서 스스로 목표를 설정하고 성취하며 지속적으로 섬김의 리더십을 개발할 수 있도록 격려한다.

김학중은 「코칭 리더십으로 교회 살리기」에서 구역장을 코칭하는 일의 중요성을 다음과 같이 강조했다.

"셀 코치(목회자 혹은 평신도 코치)는 셀리더(구역장, 소그룹 리더) 스스로 사역의 목표를 설정하고 그에 따른 대안을 찾아 열정을 가지고 사역에 임할 수 있도록 돕는 역할을 한다. 아무리 강력한 능력과 불타는 열정이 있는 셀리더라 할지라도 혼자 그 사역을 감당하는 것은 절대 불가능하다. 누군가가 그 셀리더를 지켜봐주고 격려하며 새롭게 사역과 자신을 바라볼 수 있는 시각을 열어주어야 한다. 왜냐하면 사람이라면 누구나 목표를 잃어버리고 의욕이 상실되며 가끔은 퇴색된 동기를 가지고 사역을 감당할 때가 있기 때문이다. 그런데 문제는 본인이 그것을 잘 모른다는 것이다."

▶ 사역코칭 1 : 개인적, 전인적 돌봄

목회자는 구역장에게 첫째, 정기적으로 '개인적, 전인적 돌봄' 을 해야 한다. '전인적' 이라는 말은 '영혼육사'(영적, 심리적, 육체적, 사회적)의 관점이라는 뜻이다. 영적인 부분에서는 하나님과의 관계를, 심리적인 부분에서는 생각, 감정, 의지를, 육체적인 부분에서는 음식, 건강, 운동, 휴식을, 사회적 부분에서는 교회, 가정, 일터에서의 삶을 질문하여 스스로 돌아볼 수 있도록 한다.

구역장 코칭에서 가장 중요한 것은 목회자가 구역장 사역 이전에 구역장 본인에게 관심과 사랑을 표현해야 한다는 점이다. 구역장의 입장에서 목회자가 사역에만 관심이 있고 구역장 본인에게는 관심이 없다고 느껴지면 사역의 동기와 열정이 꺾일 수 있다. 목회자는 전혀 그럴 의도가 없지만 구역장은 자칫 자신이 '사역의 수단' 취급을 받는다고 오해할 수 있다.

구역장, 교사 등 평신도 봉사자와 사역자들을 방치하는 것은 교회와 사역자 모두에게 유익하지 못하다. 보통의 교회에서는 짧게는 수개월, 길어야 1~2년간 훈련하고 나서 봉사와 사역의 장으로 내보낸다. 여기에서 살아남아 계속 봉사하는 사역자와 지쳐 나가떨어지는 사역자로 갈린다. 살아남은 사역자도 삶 속에서 말씀을 경험하지 못하고 충분히 은혜가 채워지지 않아 마음에 평안이 없는 경우가 적지 않다.

모든 사역자는 사역을 받아야 한다.

"한 사람이면 패하겠거니와 두 사람이면 맞설 수 있나니 세 겹 줄은 쉽게 끊어지지 아니하느니라"(전 4:12).

어떤 사역자도 '자가발전' 하며 홀로 사역할 수 없다. 자신을 붙들어주는 최소한 두 명 이상의 동료 사역자가 있어 서로를 붙들어주면서 함께 가야 한다. 이 원칙이야말로 '사역의 수단' 이라는 오해나 열정이 꺾이는 문제를 미연에 방지하기 위한 좋은 방법이다. 사역자는 사역하면서 영적인 에너지와 하나님 체험과 보람이 선순환하며 채워져야 한다. 구역장의 '영혼육사' 를 코칭하는 것이 이 목적을 이루기 위한 좋은 방법이다.

먼저 영적인 부분에서는 목회자가 구역장에게 다음과 같이 질문할 수 있다.

- 요즘 하나님과의 관계는 어떤가요?
- 최근에 하나님을 체험하거나, 말씀을 체험한 경험이 있나요?
- 최근 하나님께 순종한 경험을 이야기 해주세요.

- 요즘 하나님께서 당신에게 기대하는 것은 무엇인가요?
- 지금 이곳에서 당신을 향하신 하나님의 뜻은 무엇입니까?

심리적인 부분에서는 목회자가 구역장에게 다음과 같이 질문할 수 있다.

- 요즘 가장 많이 생각하는 것은 무엇인가요?
- 최근 일주일 주된 감정은 무엇이었습니까?
- 요즘 스트레스를 어떻게 해소하고 있나요?
- 요즘 어떤 취미활동을 하시나요?

육체적인 부분에서는 목회자가 구역장에게 다음과 같이 질문할 수 있다.

- 요즘 건강 상태는 어떤가요?
- 요즘 건강관리를 어떻게 하고 계세요?
- 건강을 유지하기 위해 당신이 실천하는 것은 무엇인가요?
- 건강과 관련하여 음식, 운동, 수면, 휴식은 어떤 상태인가요?

사회적인 부분에서는 목회자가 구역장에게 가정과 일터에 대해 다음과 같이 질문할 수 있다. 교회에 대한 질문은 '사역 코칭 2, 3'

에서 별도로 다룬다.

- 최근에 가정이나 일터에서 행복했던 경험은 무엇인가요?
- 가정에서 현재 가장 큰 이슈는 무엇인가요?
- 최근에 가족들을 행복하게 한 말이나 행동은 무엇인가요?
- 나는 언제, 어떤 순간에 인정과 칭찬을 받나요?
- 당신이 있어야 할 '내 자리'는 어디인가요?

목회자가 구역장의 전인적인 삶을 돌본다는 관점을 인식하면서 먼저 질문하고 경청하여 관점 전환, 사고 확장, 에너지 상승을 불러 일으키는 방식으로 코칭한다. 필요한 경우 말씀과 기도로 하나님의 은혜를 체험할 수 있도록 목회적인 돌봄을 해야 다음 단계인 '사역 코칭'에 집중할 수 있다.

다음은 목회자가 구역장에게 '전인적인 돌봄'을 하는 코칭 사례이다.

- **목회자(코치)** : 최근에 감사한 일 한 가지를 나누어 볼까요? (감사 나눔)
- **구역장(피코치)** : 지난주에 집 근처에서 태신자와 함께 식사했습니다. 초등학교 다니는 아이와 같은 반 친구 엄마인데, 처음에는 서먹서먹하다가 요즘 많이 친해진 것 같아 감사합니다.

• <u>목회자(코치)</u> : 늘 영혼 구원의 열망을 품고 사시는 구역장님의 모습이 훌륭하십니다. 구역장님의 영혼 구원의 열정이 제게도 참 많이 도전됩니다. (인정과 칭찬) 요즘 하나님과의 관계는 어떤가요? (영적인 부분)

• <u>구역장(피코치)</u> : 요즘에 하나님과의 관계는 엄청 뜨겁지는 않지만 그렇다고 나쁘지도 않아요. 작년에는 사실 좀 힘들었는데, 올해 들어서는 기도도 많이 하고, 예배 때도 더 집중하려 해서인지 몰라도 은혜를 많이 받고 있어요. 구역원들에게 본이 되어야겠다는 생각에 저도 모르게 좀 더 열심을 내게 되는 것 같아요.

• <u>목회자(코치)</u> : 구역장님께서는 오히려 구역장 사역을 하시면서 하나님과의 관계가 좋아지시는군요. 특히 구역원들에게 신앙의 본이 되려고 노력하시는 모습을 하나님께서 더욱 기뻐하시리라 생각됩니다. (인정과 칭찬) 최근에 은혜받은 것이 있다고 하셨는데, 그중에서 하나만 나누시겠습니까? (꼬리 무는 질문)

• <u>구역장(피코치)</u> : 최근에 교회에서 불편한 관계에 있는 사람이 있었습니다. 왜 그런지 그 사람이 하는 짓마다 밉게 보이고 싫었어요. 그런데 몇 주 전 큐티 말씀에서 "또 참으로 나와 멍에를 같이한 네게 구하노니 복음에 나와 함께 힘쓰던 저 여인들을 돕고 또한 글레멘드와 그 외에 나의 동역자들을 도우라. 그 이름들이 생명책에 있느니라"(빌 4:3)는 말씀을 읽었습니다. 그때 하나님께서 제 마음속에 저와 불편한 관계에 있는 그 사람의 이름도 생명책에 있다는

감동을 주셨습니다. '천국에 가면 그 사람과도 만나겠구나' 하는 생각이 들었어요. '하나님은 그 사람도 사랑하시는구나. 예수님께서 그 사람을 위해서도 죽으셨구나' 하는 생각이 들면서 그 사람에 대한 미움이 많이 사라졌어요.

- **목회자(코치)** : 말씀을 통해서 관계가 해결되는 은혜를 입으셨군요. 하나님께서 참 아름답게 역사하셨네요.
- **구역장(피코치)** : 네, 제 마음도 평안을 얻게 되어 감사합니다.
- **목회자(코치)** : 요즘 개인적으로 가장 많이 생각하는 것은 무엇인가요? (심리적인 부분)
- **구역장(피코치)** : 초등학교 다니는 딸아이의 교우 관계를 많이 신경 쓰고 있어요. 작년 학기 초에 딸아이가 친구들을 잘 못 사귀어 곤란을 겪었거든요. 다행히 올해에는 어울리는 친구들이 몇 명 있는 것 같아 안심이지만 그래도 계속 신경 쓰고 있어요. (사회적인 부분, 가정)
- **목회자(코치)** : 딸의 교우 관계에 대해서 신경을 많이 쓰시는군요. (요약 정리) 어떤 부분을 계속 신경 쓰고 계시나요? (꼬리 무는 질문)
- **구역장(피코치)** : 네, 아무래도 친구들과의 관계에 대한 문제니까 어떤 친구랑 어떻게 어울리고 있는지 물어봐요. 물론 캐묻는다는 느낌이 들지 않도록 조심하고요.
- **목회자(코치)** : 따님의 교우관계에 관해서 공부하거나 도움받

은 것이 있나요? (꼬리 무는 질문)

- **구역장(피코치)** : 네, 「OOO」라는 책을 읽으면서 많이 배우고 있어요. 책 내용 중에 공감이 되는 부분도 많아요.

- **목회자(코치)** : 구역장님께서 따님의 교우관계를 위해서 많이 공부하시네요. 따님이 새 학년에 올라가 친구들을 잘 사귀고 학교에 적응을 잘해서 감사하구요. 저도 따님의 교우관계를 위해서 잊지 않고 기도할게요. 요즘 건강관리는 어떻게 하고 계세요? (육체적인 부분)

- **구역장(피코치)** : 날마다 점심 먹고 나면 한 시간씩 OO 집사님이랑 함께 공원을 산책하면서 걷기 운동을 하고 있어요. 감사하게도 아직 크게 아픈 곳은 없지만 건강할 때 건강을 지키려고 꾸준히 운동하고 있답니다.

- **목회자(코치)** : 구역장님은 균형 잡힌 삶을 살고 계시다는 생각이 드네요. 하나님께서 주신 인생을 책임감 있게 관리하는 모습이 참된 신앙인의 모범이 된다는 생각이 듭니다. (인정과 칭찬)

- **구역장(피코치)** : 칭찬해주셔서 감사합니다, 목사님.

- **목회자(코치)** : 우리가 대화하면서 구역장님에게 도움이 되었거나 새롭게 깨달은 것이 있다면 나누어주세요.

- **구역장(피코치)** : 목사님께서 저의 삶에 관해서 물어봐주시니 제 마음이 따뜻해지는 것을 느낍니다. 제가 하나님께도 사랑받고 있고, 교회의 사랑도 받고 있어 행복합니다.

- **목회자(코치)** : 네, 집사님과 따님과 가정을 늘 응원하고 축복합니다. 개인적인 기도 제목을 두세 가지 나누어주세요.
- **구역장(피코치)** : 먼저는 말씀드린 바와 같이 우리 딸아이의 교우 관계가 원만할 수 있도록 기도해주세요. 그리고 남편이 요즘 야근이 잦은데, 남편의 건강을 위해서 기도 부탁드립니다.
- **목회자(코치)** : 네, 그럼 지금 이 두 가지를 위해서 먼저 기도할까요?
- **구역장(피코치)** : 네, 목사님. 기도 부탁드립니다.

기도한 다음 이어서 사역에 대하여 코칭 대화를 이어간다.

- **목회자(코치)** : 그럼 우리 이어서 사역에 대해 대화를 나누어볼까요?
- **구역장(피코치)** : 네, 목사님. 좋습니다.

목회자와 구역장의 대화를 각색하여 간단하게 흐름만 표현하였다. 실제 대화에서는 영적, 심리적, 육체적, 사회적인 부분에서 조금 더 깊이 2~4회 정도 '꼬리 무는 질문'을 하며 대화를 이어가는 것이 좋다. '전인적 돌봄'에서 특정 이슈가 없는 경우 억지로 GROW 모델을 적용할 필요가 없다. 가벼운 마음으로 하나씩 점검하며 사랑과 관심을 표현하고 기도 제목을 나누며 기도하는 것으로 충분하다.

만일 특정 이슈가 있다면 구역장의 동의하에 GROW 모델을 활용하여 그 부분을 집중적으로 코칭할 수 있다.

코칭 질문의 순서는 일반적으로 '영혼육사' 의 순서를 따르는 것이 좋다. 가장 중요한 이유는 시간이 제한된 '구역장 코칭' 에서 '하나님의 시각, 영적인 관점' 에 먼저 집중하기 위해서이다. 순서를 거꾸로 했을 때 자칫 중요한 이슈 없이 '하나님과의 관계와 관점' 에 대한 이야기를 나누는 시간이 부족해지는 것을 예방하기 위해서이다.

그런데 특정 이슈가 있을 때가 있다. 예를 들어 구역장 가정에 어려움이 있는 경우를 가정해보자. 구역장은 다른 이야기는 하고 싶지 않을 것이다. 어려움이 되는 문제를 말하고 싶어 하고, 도움받고 싶어 할 것이다. 이런 경우 합의하에 가정 문제를 집중적으로 다루는 것이 매우 유익하다.

목회자가 구역장과의 코칭을 정기적으로 진행하는 것이 가장 이상적이지만, 현실에서는 일반적으로 목회자가 구역장과의 코칭 시간(전인적 돌봄, 사역적 돌봄)을 정기적으로 갖기 어렵다. 이런 현실을 감안한다면 목회자(규모가 있는 교회일 경우 부목회자 혹은 평신도 코치)가 한 달에 1~2회 정기적으로 구역장을 만나 1시간 정도 코칭 시간(전인적 돌봄, 사역적 돌봄)을 갖는다면 모범적인 사례라고 할 수 있다.

'정기적인 구역장 코칭' 시간에는 '개인적 돌봄' 과 '사역적 돌봄' 의 균형이 원칙이다. 제한된 코칭 시간에 가장 집중해야 할 것은 무엇일까? 코칭 시간의 절반은 '개인적, 전인적 돌봄'에 사용하고, 나머지 절반은 '사역적 돌봄'에 사용하는 것을 기준으로 하되, 교회의 상황, 구역장 개인의 상황을 고려하여 비율을 조정할 수 있다.

▶ 사역코칭 2 : 정기적-고정 주제 사역 코칭

목회자(평신도 코치)는 구역장의 사역을 정기적으로 코칭하며 돌보아야 한다. 사역하다 보면 자주 어려움을 겪게 되고 다양한 고민을 떠안게 된다. 구역장은 자신에게 문제가 생겼을 때 목회자에게 달려가 어려움을 공유하고 도움을 받아야 한다. 이는 당연하다. 문제는 이 당연한 일이 되지 않는 교회가 적지 않다는 것이다. 참 안타까운 일이다. 구역장을 세우고 구역을 맡겨 놓은 후 교회의 돌봄, 목회자의 돌봄을 받지 못한 채, 구역장들이 고군분투하는 경우가 많다. 사역은 홀로 할 수 없다. 사역은 구역장이 '홀로 알아서' 할 수 있는 일이 아니다.

그래서 '평소에' '정기적으로' 목회자가 구역장에게 '사역적 돌봄'을 제공한다면 그 구역장은 힘 있게 사역을 진행할 수 있을 것이다. 목회자는 구역장에게 사역의 목표를 갖도록 평소에 정기적으로 돕고, 그 목표를 성취할 수 있도록 도울 책임이 있다. 구역장의 사역은 당연하게도 개인이 감당해야 하는 사역이 아니라 교회의 공동 사역이며 하나님 나라의 사역이다. 구역장과 교회는 사역의 과정도 함께하고, 결과도 함께하여야 한다. 구역장과 교회는 사역의 고난도 함께하고, 하나님이 주시는 영광도 함께해야 한다.

구역장이 사역하다 보면 사역으로 인해, 사람으로 인해 힘들고 지칠 때가 생긴다. 개인적인 고난과 사역으로 인한 어려움이 동시에 닥쳐올 때도 있다. 주위를 둘러보면 '나에게 일 시키는 사람은 있어도 내 어려움을 이해하는 사람이 없다'고 느낄 수 있다. 내 아픔을 들어주는 사람이 없다 싶으면, 어느 순간 '내가 왜 이 고생을 자처하고 있나?' 하는 생각에 사로잡힌다. 처음엔 사명감으로 버티다가 점차 열정이 차게 식어버린다.

사역자에게 회의감은 오랜 시간에 걸쳐 천천히 스며들어 온다. 그래서 한번 회의감이 들면 돌이키기 쉽지 않다. 이때 부랴부랴 나서서 급하게 상담하고 격려해보아도 한번 식은 마음은 쉽게 뜨거워지지 않는다. 교회와 사역에 대한 실망과 회의감까지 더해졌기 때문이다. 그래서 구역장을 보호하기 위해서, 사역자들이 사명감을 잃지 않도록 하기 위해서 평소에 정기적으로 전인적 돌봄, 사역적 돌봄을 해야 한다.

목회자는 구역장에게 다음과 같이 '구역장 사역의 본질'을 생각하게 하는 코칭 질문을 할 수 있다. 관점이나 표현을 바꾸어 가면서 '구역장의 본질' 질문을 하면, 구역장은 사역의 본질을 더욱 깊이 묵상하게 된다. 사역의 본질을 잃어버리지 않는다. 이 질문들은 구역장으로서의 길을 잃지 않도록 돕는 등대와 같은 질문이다.

- 하나님께서 구역장님께 기대하는 것은 무엇일까요?
- 구역장(셀리더, 소그룹 리더)의 역할은 무엇인가요?
- 가장 이상적인 구역장의 모습은 무엇인가요?
- 구역장님이 꿈꾸는 이상적인 구역(셀, 목장, 소그룹)의 모습은 어떤 모습인가요?
- 구역장으로서 가장 행복하였거나 보람되었던 경험을 얘기해 주세요. (경력 구역장일 경우)
- 하나님 나라의 관점에서 구역장님의 역할은 어떤 의미가 있을까요?
- 하나님 나라의 관점에서 구역장님이 섬기는 구역은 어떤 의미가 있을까요?
- 나중에 하나님 앞에 섰을 때 구역장님의 사역에 대해 하나님께 어떤 칭찬을 받고 싶으신가요?

목회자는 구역장에게 다음과 같은 '핵심 질문'을 할 수 있다. GROW 질문을 활용하여 '정기적-고정 주제 사역 코칭'은 한 달에 한 번, 분기에 한 번, 반기에 한 번, 일 년에 한 번 등 기간을 정해두고 정기적으로 진행할 수 있다. 나머지 세션은 '정기적-자유 주제 사역 코칭'을 진행하면 된다. 고정 주제 세션과 자유 주제 세션의 비율은 코치와 피코치가 합의하여 조정할 수 있다.

GROW	핵 심 질 문
Goal (목표)	● 구역장으로서 달성하고 싶은 목표는 무엇입니까? ● 구역장으로서 올해(일사분기, 상반기) 사역 목표는 무엇입니까? ● 연말에 구역이 어떤 모습이면 만족하겠습니까? ● 구역원들이 어떤 모습으로 변화하길 기대하나요? ● 하나님께서 올해 구역에 기대하는 것은 무엇일까요? ● 하나님께서는 이 목표를 어떻게 바라보실까요? ● 이 주제를 생각하게 된 계기가 있으신가요? ● 목표를 이루었다고 상상해 보세요. 어떤 모습인가요? ● 오늘 코칭 대화를 끝냈을 때 어떤 결과를 얻으면 만족하실까요? ● 좀 더 자세히 얘기해주세요. ● 올해 목표를 한 문장으로 정리해주세요.
Reality (현실)	● 현재 구역의 모습은 어떻습니까? ● 목표와 현실의 차이는 무엇입니까? ● 현재 상황에서 목표를 이룰 수 있는 긍정적 요소와 　부정적 요소는 무엇인가요? ● 활용 가능한 자원은 무엇입니까? ● 구역원들과 어떻게 협력할 수 있습니까? ● 이 목표에 대해 가지고 있는 경험이나 지식은 무엇입니까? ● 이 주제에 대해서 가장 잘 아는 사람은 누구입니까? ● 당신에게 구역장은 어떤 의미입니까? ● 당신에게 사역은 어떤 의미입니까? ● 이 주제가 중요한 이유가 무엇입니까? ● '나답다' 라는 것과 사역은 어떤 관련이 있습니까? ● 구체적으로 변화시키고 싶은 것은 무엇인가요? ● 이 일은 누구를 위해서 합니까? ● 그것에 이름을 붙여 보세요. 왜 그런 이름을 붙이셨나요? ● 구역원들이 원하는 것은 무엇인가요?
Option (대안)	● 꿈꾸는 구역을 만들기 위해 가장 먼저 해야 할 것은 무엇입니까? ● 목표와 현실 사이의 차이를 좁힐 수 있는 방법은 무엇인가요? ● 작년 사역을 돌아보았을 때 올해 적용할 수 있는 것은 무엇이고, 　적용하면 안 되는 것은 무엇인가요? (경력 구역장일 경우) ● 다른 구역장 중에서 본받고 싶은 분이 있나요? 　그분이라면 어떻게 할까요? ● 지금 무엇을 해야겠다는 생각이 드나요? ● 지금까지 시도하지 않았던 새로운 방법이 있다면 무엇일까요? ● 또 다른 방법이 있을까요?

Will (실행)	● 말씀하신 여러 가지 대안 중에서 가장 먼저 실천하고 싶은 것은 무엇인가요? ● 앞으로 한 달(일 년) 동안 어떤 실천 방안에 집중할까요? 구체적으로 말씀해주세요. ● 앞으로 해야 할 일의 전체 계획과 순서는 어떻게 됩니까? ● 방해 요소가 있다면 무엇일까요? 방해 요소를 어떻게 돌파해 나갈 수 있을까요? ● 구역장의 역할을 수행하는 데 제가 도와드릴 부분은 무엇인가요? ● 오늘 대화에서 유익한 점이나 얻은 것이 있다면 말씀해주세요. ● 오늘 대화에서 새롭게 생각한 것이나 깨달은 것이 있다면 말씀해주세요.

먼저 목회자(또는 평신도 코치)가 구역장에게 정기적으로 '구역의 비전과 목표 달성'이라는 정해진 주제로 '사역적 돌봄'을 하는 코칭 사례를 보자. 이는 분기마다, 반기마다, 혹은 연초에 구역장 사역을 '사역 관점'에서 코칭하는 사례이다. 구역장 사역을 하는 모든 사람이 필수적으로 받아야 하는 '정기적인 코칭 세션'이다. 모든 구역장은 구역장 사역을 하기 전에 오리엔테이션에서 이러한 사실을 공지받아야 한다. 앞서 언급한 것처럼 특별한 상황이 아니라면 코칭 세션 전반부에 먼저 '개인적, 전인적 돌봄' 코칭 대화를 하고, 후반부에 '사역적 돌봄' 코칭을 해야 한다. 실제 대화는 좀 더 자유롭고 정리되지 않으며 방향이나 흐름의 속도가 일관적이지 않다. 다음은 대화 흐름을 명확하게 하기 위해서 각색하고 정리한 코칭 사례이다.

먼저 라포르 형성과 Goal(목표) 대화의 사례이다.

• **목회자(코치)** : 구역장님, 최근에 감사한 일이 있다면 한 가지 나누어주세요.

• **구역장(피코치)** : 지난번에 전화로 말씀드렸던 것처럼 지난달에 코로나에 걸렸다가 겨우 나았어요. 목도 아프고 근육통도 심하고 몸이 많이 아프더군요. 몸이 아파보니까 제가 평소에 그래도 큰 질병 없이 무난하게 살았다는 사실을 깨달았어요. 아파보니까 그제야 알겠더군요. 코로나로 인해 고통을 겪었지만 이를 통해 평소에 무탈하게 사는 것이 은혜임을 깨달았던 것이 감사하네요.

• **목회자(코치)** : 구역장님이 아픈 가운데에서도 하나님을 묵상하시고 감사함을 잃지 않는 태도가 훌륭하다고 생각이 됩니다. 고난 중 감사하는 것이 말처럼 쉬운 일이 아니지요. 참 귀한 모범이십니다. (인정과 칭찬) 우리 감사한 마음으로 오늘 코칭 대화 이어가도 될까요?

• **구역장(피코치)** : 네, 목사님.

• **목회자(코치)** : 오늘은 우리가 분기마다 정기적으로 하는 '이사분기 사역 코칭' 입니다. 구역장님 구역의 이사분기 사역 목표는 무엇입니까?

• **구역장(피코치)** : 이사분기 목표는 6월 말 구역 초청모임에 7명의 구역원 전원이 각각 한 사람 이상의 태신자를 초청하는 것입니다.

• **목회자(코치)** : 6월 말에 구역 모임이 어떤 모습이면 만족하겠

습니까? 한번 상상해보실까요?

- **구역장(피코치)** : 가장 먼저 떠오르는 장면은 우리 집 거실입니다. 구역 초청모임 장소가 우리 집이거든요. 집 거실에 풍선이 가득하고 벽에는 A4용지로 인쇄한 플래카드가 붙어 있어요. 우리 구역 식구들이 웃고 떠들고 있어요. 함께 온 태신자들도 음식을 나누며 이야기하고 있어요. 모두 행복한 표정이에요. 이런 모습이면 좋을 것 같아요.

- **목회자(코치)** : 듣는 저까지 행복해지네요. 꼭 이루어지시길 축복합니다. 하나님께서 이 장면을 보시면 구역장님에게 무엇이라 말씀하실까요?

- **구역장(피코치)** : 글쎄요. 아마도 흐뭇하게 웃으시면서 "네가 수고가 많다"라고 한마디 하시지 않을까요?

- **목회자(코치)** : 저도 상상이 되네요. 말씀 듣기만 해도 너무 기쁩니다. 하나님께서 그렇게 말씀하시면 구역장님은 마음이 어떨 것 같아요?

- **구역장(피코치)** : 전 눈물이 왈칵 날 것 같아요. 지금도 마음이 울컥하네요. 사실 절대로 쉽지 않은 걸 잘 알고 있거든요. 작년에도 엄청 힘들었어요. 그래서 하나님께서 그렇게 칭찬하시면 눈물이 왈칵 쏟아질 것 같아요.

- **목회자(코치)** : 저도 구역장님 마음이 이해됩니다. 쉽지 않은 사역의 길을 흔들림 없이 걸어가는 구역장님을 저도 하나님과 같은

마음으로 칭찬하고 싶습니다. (잠시 기다리기) 구역장님, 이사분기 사역 목표를 한 문장으로 정리해주세요.

- **구역장(피코치)** : 네. 이사분기 사역 목표는 '6월 말 구역 초청 모임에 7명의 구역원 전원이 각각 한 사람 이상의 태신자 초청하기' 입니다.

이어서 Reality(현실) 대화의 사례이다.

- **목회자(코치)** : 우리가 지금 '6월 말 구역 초청모임에 7명의 구역원 전원이 각각 한 사람 이상의 태신자 초청하기' 라는 목표로 대화하고 있는데요. (목표 언급) 이와 관련하여 현재 구역의 모습은 어떻습니까?
- **구역장(피코치)** : 일사분기부터 구역원들이 각각 태신자 3명씩 정하고 기도해왔습니다. 감사하게도 구역원들이 자기 태신자를 대부분 품고 있습니다.
- **목회자(코치)** : 태신자를 품고 기도하는 구역원들 모두 훌륭하네요. 일사분기에 태신자를 품고 기도해온 과정을 조금 더 말씀해주세요. (꼬리 무는 질문)
- **구역장(피코치)** : 1월에는 구역원들이 서로 교제하는 데 시간을 많이 할애했습니다. 2월부터 올해 목표를 모일 때마다 조금씩 논의하였습니다. 결론적으로 상반기 구역 초청 모임에서 각자 한 명씩

태신자를 데리고 오는 것을 목표로 잡았습니다. 3월에는 태신자 명단을 각자 3명 이상 작성하여 기도하기 시작하였습니다.

- **목회자(코치)** : 단계적이고 체계적으로 진행해오셨네요. 특히 구역원들과 함께 의논하면서 진행하신 부분을 크게 칭찬하고 싶습니다. (인정과 칭찬) 1~3월에 진행하면서 구역원들의 반응은 좀 어땠나요? (꼬리 무는 질문)

- **구역장(피코치)** : 1월에는 아무래도 구역원들이 부담스러워하는 부분이 있었던 것 같아요. 전도가 쉬운 일이 아니잖아요. 그런데 점차 기도하면서 마음이 열리고 전도하고 싶다는 열망이 더 커졌던 것 같아요. 그래서 주위 사람들 이름을 적고 기도하는 일에 시간을 많이 쏟았어요. 또 교회에 꼭 데려오기보다는 섬긴다는 부분을 강조했더니 구역원들이 좀 더 쉽게 받아들일 수 있었던 것 같아요.

- **목회자(코치)** : 역시나 구역장님께서 구역원들 마음과 수준에 맞추어서 단계적으로 진행하셨네요. 구역원들 마음과 영적인 수준을 섬세하게 파악하고 이에 맞추어 진행하시는 모습이 구역장님의 탁월하신 점이네요. (인정과 칭찬) 우리가 지금 '6월 말 구역 초청모임에 7명의 구역원 전원이 각각 한 사람 이상의 태신자 초청하기' 라는 목표로 대화하고 있는데요. (목표 언급) 이와 관련하여 활용 가능한 자원은 무엇입니까?

- **구역장(피코치)** : 먼저 제가 구역장 5년 차입니다. 비록 지금까지 시행착오를 많이 했지만 5년 동안 받은 구역장 훈련과 경험으로,

부족하지만 하나의 자원이 될 것이라 생각됩니다.

- **목회자(코치)** : 네, 저도 구역장님께서 5년 동안 하나님의 사역에 헌신해온 사실을 잘 알고 있습니다. 구역장님이 가장 중요한 자원이라는 생각이 드네요. 또 어떤 자원이 있을까요?

- **구역장(피코치)** : 목사님께 코칭받는 것이 또 하나의 큰 자원이라는 생각이 듭니다. 코칭받으면서 생각을 잘 정리할 수 있었고 새로운 아이디어가 떠오르는 경험을 많이 했답니다.

- **목회자(코치)** : 네, 감사합니다. 저도 구역장님과 대화할 때마다 도전받고 큰 힘을 얻는답니다. 또 어떤 자원이 있을까요?

- **구역장(피코치)** : 구역원들의 헌신을 빼놓을 수 없다고 생각합니다. 특히나 지금은 모두가 기대하는 마음을 가지고 기도하고 있어서 이들의 헌신이 큰 열매를 맺을 것이라 확신합니다.

- **목회자(코치)** : 역시나 구역원들 생각하시는 마음이 잘 느껴지네요. 구역장님께서 '기도'라는 단어를 반복적으로 사용하셨는데, 기도는 구역장님 사역에 어떤 의미가 있나요? (피코치의 키워드 찾고 확인하기)

- **구역장(피코치)** : 제가 그랬나요? (웃음) 아마도 구역장 사역에서 어렵고 답답한 면이 있을 때마다 기도하면서 마음을 다잡았기에 기도라는 단어를 반복해서 말했던 것 같네요. 기도는 제게 사역하는 이유를 잊지 않게 하는 나침반 같은 역할을 해요. 기도하면 제가 하나님 나라를 위해서 이 사역을 한다는 사실을 또렷하게 기억하게 되

거든요. 그러니까 하나님께 힘과 지혜를 달라고 하는 간구 기도에 힘이 실리는 것 같아요.

- **목회자(코치)** : 구역장님에게 기도는 사역의 이유를 잊지 않게 하는 '사역의 나침반' 같은 의미군요. (요약)

- **구역장(피코치)** : 네, 그렇습니다. 기도하기 때문에 지금까지 사역을 계속할 수 있었던 것 같아요.

- **목회자(코치)** : 사역의 이유를 잊지 않게 하는 나침반이라고 말씀하셨는데, 그런 경험이 있었나요? (꼬리 무는 질문)

- **구역장(피코치)** : 네, 구역장을 맡았던 초기에 부담감만 잔뜩 가지고 열심히 뛰어다니긴 했는데 그에 비해 기도는 별로 하지 않았던 때가 있었어요. 연말이 되니까 내가 이 일을 왜 하나 회의감도 들고 스스로가 한심스럽게 보이기도 했어요. 그때가 위기였죠.

- **목회자(코치)** : 구역장님도 시행착오 경험이 있으셨군요. (요약) 그때의 위기를 어떻게 극복하셨나요? (꼬리 무는 질문)

- **구역장(피코치)** : 네, 짐작하시겠지만 기도로 극복했어요. 다른 구역장님께 힘들다고 하소연하였는데, 그분과 대화하다가 제가 기도는 안 하고 열심히 뛰어다니기만 했다는 사실을 깨달았어요. 그때부터 기도에 시간을 많이 들였어요. 제가 하나님을 바라본 것이 아니라 사람을 바라보고, 하나님의 마음에 붙어 있었던 것이 아니라 사역의 결과에 몰두했다는 것을 깨달았어요. 그래서 기도하면서 내가 사역을 왜 하는지, 내가 어떤 방향으로 가고 있는지 계속 점검합니다.

- **<u>목회자(코치)</u>** : 구역장님 사역의 비결은 기도군요. (요약) 구역 장님은 '자기 성찰'에 탁월하시다는 생각이 듭니다. 대화하면서 느낀 점이 구역장님은 스스로 돌아보면서 실수를 반성하고 새롭게 성장의 동력을 삼으시네요. (강점 발견, 인정과 칭찬)
- **<u>구역장(피코치)</u>** : 칭찬해주셔서 감사합니다. (웃음)

다음은 Option(대안) 대화의 사례이다.

- **<u>목회자(코치)</u>** : 우리가 지금 '6월 말 구역 초청모임에 7명의 구역원 전원이 각각 한 사람 이상의 태신자 초청하기'라는 목표로 대화하고 있는데요. (목표 언급) 이와 관련하여 실행해야 할 것은 무엇입니까?
- **<u>구역장(피코치)</u>** : 이제 구역 모임 태신자 초청 당일까지 10주 정도 남았습니다. 매주 해야 할 일을 점검해야 합니다. 교회에서 받은 '태신자 초청 8주 실행 단계'를 우리 구역에서 진행하는데 미리 준비해야 할 것, 방해 요인 등을 확인해야 합니다.
- **<u>목회자(코치)</u>** : 네, 가장 기본적이면서도 중요한 일이네요. 작년 사역을 돌아보았을 때 올해 적용할 수 있는 것은 무엇이고, 적용하면 안 되는 것은 무엇인가요?
- **<u>구역장(피코치)</u>** : 먼저 올해에도 적용할 수 있는 것은 '8주 실행 단계'를 기준으로 매주 단계별로 차근차근 진행해야 한다는 점입

니다. 이전에 차근차근 단계를 밟지 않았다가 나중 단계에서 힘을 잃은 경험이 있었습니다. 한 주 한 주 시간은 가는데 실제로 구역원들이 진행할 때는 어렵더군요. 하지 말아야 할 것은 '조급함'이었습니다. 사람들을 초청해야 한다는 압박감에 구역원들에게 여유롭게 다가가지 못했던 점을 반성하였습니다. 우리 구역원이 구역장 사역의 우선순위라는 생각을 잊지 않고 있습니다.

• **목회자(코치)** : 네, 구역장님은 역시나 자기 성찰이 뛰어나십니다. (미소) 다른 구역장님들의 사례에서 참고하고 싶으신 것이 있나요?

• **구역장(피코치)** : A 구역장님의 사례 발표에서 태신자에게 드린 선물 중에 아토피를 예방하는 천연 비누에 관심을 가졌습니다. 비용도 적당하고 받는 분도 좋아하실 거라는 생각이 들었습니다. 저희 구역에서도 선물로 준비하려고 계획 중입니다.

• **목회자(코치)** : 다른 구역 사례에서도 겸손하게 배우시는군요. 구역장님께서 강조하신 키워드가 '기도'였는데, '기도'와 '대안 찾기'를 연결한다면 어떤 실천 방안을 생각할 수 있을까요? (피코치 키워드를 활용한 대안 찾기 질문)

• **구역장(피코치)** : 제가 깨달은 것은 '실행'이 중요한 것은 사실이지만, 더욱 중요한 것이 먼저 '기도'라는 것입니다. 먼저 기도하지 않고 실행만 하면 마음이 여유롭지 못하고 하나님께 집중하지 못하게 되더군요. 나중에는 '내가 왜 이 고생을 하나' 하는 생각이 들

고 일을 위한 일이 되어버렸습니다. 그래서 구역 모임에서 '8주 실행 단계'를 따라 진행 상황을 나눈 다음 구역원들이 기도에 집중할 수 있는 시간을 충분히 확보하려고 합니다. 그래야만 내가 이 일을 왜 하는지 그 이유와 방향을 잃지 않기 때문입니다.

• **목회자(코치)** : 구역장님께서 여러 가지 대안을 많이 고려하고 계시는군요. 이번 초청 모임에 대해 기대가 정말 많이 됩니다. (인정과 칭찬)

• **구역장(피코치)** : 목사님께서 질문을 잘 해주셔서 대답하다 보니 저도 모르게 생각이 정리되고, 새로운 아이디어가 많이 생긴 것 같네요. 감사합니다. (웃음)

마지막으로 Will(실행) 대화의 사례이다.

• **목회자(코치)** : 우리가 지금 '6월 말 구역 초청모임에 7명의 구역원 전원이 각각 한 사람 이상의 태신자 초청하기'라는 목표로 대화하고 있는데요. (목표 언급) 앞으로 해야 할 일의 전체 계획과 순서는 어떻게 됩니까?

• **구역장(피코치)** : 말씀드린 '8주 실행 단계'를 확인하는 것이 전체 그림을 그리는 데 중요하다는 생각이 듭니다. 미리 준비해야 할 것, 방해 요인 등을 확인하고 도움받을 일, 도움 주실 분 섭외, 선물 주문하기 등등의 조치를 취해야 합니다. 나머지 세부 사항은 8주

실행 단계에 맞게 진행하면 무리가 없을 것 같습니다.

- **목회자(코치)** : 혹시 방해가 될 것으로 예상되는 요소가 있다면 무엇일까요?

- **구역장(피코치)** : 지금 생각나는 것은 없네요. 제가 몸이 건강한 편이 아니어서 약간 걱정이 되는 부분은 있습니다. 방해 요소라면 제 건강이 나빠지는 것이겠네요. 너무 내달리지 말고 중간중간 쉬면서 천천히 가야겠네요.

- **목회자(코치)** : 네, 건강해야 사역도 마음껏 감당할 수 있지요. 저도 구역장님 건강을 위해 기도하겠습니다. 구역장의 역할을 수행하는 데 제가 도와드릴 부분이 있을까요?

- **구역장(피코치)** : 네, 목사님. 기도하고 응원해주세요. 중간에 힘든 일이 생기면 코칭 부탁드립니다.

- **목회자(코치)** : 네, 구역장님. 언제든지 불러주세요. 코칭 대화하면서 새롭게 얻은 것이 있다면 말씀해주세요.

- **구역장(피코치)** : 사실 마음속에 태신자 초청 모임에 대한 부담감이 있었습니다. 막막한 부분도 있었고요. 목사님과 대화하면서 무엇을 먼저, 어떻게 해야 할지 정리가 많이 되었습니다. 생각이 정리되니 부담감도 많이 줄었고요. 감사합니다.

- **목회자(코치)** : 생각이 정리되었다니 저도 감사하네요. 저 역시 구역장님과 한마음으로 기도하며 응원하겠습니다. 구역장님, 오늘 대화를 마쳐도 괜찮을까요?

• <u>구역장(피코치)</u> : 네, 목사님. 감사드립니다.

위의 코칭 대화에서 중요한 포인트는 GROW 프로세스에서 다음 프로세스로 넘어갈 때마다 또는 '핵심 질문' 이후 '꼬리 무는 질문' 이 끝나고 다음 '핵심 질문'으로 넘어가기 전에 합의한 주제를 다시 언급한다는 점이다. 위 대화에서는 "우리가 지금 '6월 말 구역 초청 모임에 7명의 구역원 전원이 각각 한 사람 이상의 태신자 초청하기' 라는 목표로 대화하고 있는데요"라는 부분이 이에 해당한다. 합의한 목표를 적절하게 언급해야만 코치와 피코치가 목표에 집중할 수 있어 대화가 길을 잃지 않고 목적한 바를 이룰 수가 있다.

또 다른 중요한 포인트는 '피코치의 키워드'를 활용한 대안 찾기 이다. 피코치가 자주 사용하는 단어나 문장, 혹은 피코치의 에너지가 올라갈 때 사용한 단어를 '피코치의 키워드'라 부른다. Reality(현실) 질문에서 이 키워드를 언급하면서 의식화한다. 키워드를 언급하는 이유는 피코치가 이를 인지하지 못하는 경우도 있기 때문이다. 키워드를 활용한 질문과 꼬리 무는 질문으로 피코치의 에너지를 상승시킨다.

같은 방식으로 '피코치의 강점'을 활용하여 대안 찾기와 연결하는 것도 매우 유용한 방법이다. '피코치의 강점'이 성실함이라면 코칭 대화에서 "구역장님의 강점이 성실함인 것 같습니다"라고 인정과 칭찬을 한다. 다음 대안 찾기에서 "구역장님의 강점인 '성실함'

을 활용한다면 어떤 대안을 생각할 수 있을까요?'와 같이 질문한다. 강점과 대안 찾기를 연결하거나, 키워드와 대안 찾기를 연결하여 질문하면, 피코치의 사고가 확장되고, 에너지가 상승하며, 피코치 자신도 예상치 못한 대안을 찾을 수 있다.

▶ 사역코칭 3 : 정기적-자유 주제 사역 코칭

다음은 목회자(평신도 코치)가 구역장에게 정기적이지만, 정해지지 않은 주제로 '사역적 돌봄'을 하는 코칭 사례를 보자. '정기적 코칭'이라는 부분에서는 앞서 설명한 '사역적 돌봄' 코칭과 동일하지만, 코칭의 '주제'가 정해지지 않았다는 점에서 다르다. 주제는 일반적인 코칭과 같이 코칭 세션에서 코치와 구역장이 합의한다. 단 '사역과 관련된 주제'로 한정한다. 개인적인 주제는 '전인적 돌봄' 세션에서 다룬다. 특별한 상황이 아니라면 '전인적 돌봄' 코칭 대화를 먼저하고 '사역적 돌봄' 코칭을 해야 한다. 앞선 코칭 대화와 동일하게 정리와 각색이 들어간 사례이다.

먼저 라포르 형성과 Goal(목표) 대화의 사례이다.

· **목회자(코치)** : 구역장님, 최근에 감사한 일이 있다면 한 가지 나눠주세요.
· **구역장(피코치)** : 요즘에는 가족들이 크게 아픈 곳이 없고 남편

도 직장에서 열심히 일하고 아이들도 학교를 잘 다니는 것이 감사하다고 생각합니다. 얼핏 보면 당연한 일 같은데 사실 당연한 일이 아니라는 것을 최근에 깨닫고 있어요. 그래서 하루하루가 참으로 감사할 뿐입니다.

• **목회자(코치)** : 범사에 감사하는 모습을 주님께서 기뻐하시리라 생각됩니다. (인정과 칭찬) 오늘 사역과 관련하여 어떤 주제로 코칭 대화를 나눌까요? (중립적인 언어로 사역과 관련된 주제 합의)

• **구역장(피코치)** : 요즘 이것저것 고민이 많네요. 구역 모임에 구역원들이 잘 참여를 못하고 있어서 고민되네요. 제가 구역장 역할을 잘 못하는 것 같기도 하고요. 또 한 가지는 구역 모임 인도하기도 어렵다고 느껴져요. 부담감이 사라지지 않아요.

• **목회자(코치)** : 구역원들이 모임에 잘 참여하지 못하는 것과 구역 모임 인도하는 것에 부담을 느끼시는 것, 두 가지 고민이 있으시군요.

• **구역장(피코치)** : 네, 목사님. 지금은 그 두 가지가 가장 큰 고민입니다.

• **목회자(코치)** : 구역장님, 두 가지 질문 중에서 오늘은 어떤 주제에 더욱 집중하길 원하세요? (주제 합의)

• **구역장(피코치)** : 구역 모임에 구역원들이 잘 참여하지 못하는 주제에 집중하고 싶어요.

• **목회자(코치)** : 이 주제를 생각하게 된 계기가 있으신가요? 좀

더 구체적으로 말씀해주세요.

- **구역장(피코치)** : 네. 최근 몇 주 사이에 구역원들의 참여도가 많이 떨어졌어요. 평소에는 7~8명씩 참석하던 구역원들이 갑자기 4~5명 정도로 참석자 수가 줄었어요. 제 마음도 많이 힘들어졌고요.

- **목회자(코치)** : 구역장님, 많이 힘드셨겠네요. 저도 구역장님께서 힘내실 수 있도록 도와드릴게요. 오늘 코칭 대화를 끝냈을 때 어떤 결과를 얻으면 만족하실까요?

- **구역장(피코치)** : 구역 모임 참석자가 많아져서 분위기가 좋아지면 좋겠어요. 우리 구역원이 12명인데 여러 가지 이유로 평소에 7~8명 모였거든요. 다시 회복하면 좋겠어요.

- **목회자(코치)** : 오늘 코칭 주제를 한 문장으로 간단하게 정리해주세요.

- **구역장(피코치)** : '구역 모임에 8명 참석할 수 있는 방법 찾기'로 정리할 수 있겠네요. (주제 합의)

이어서 Reality(현실) 대화의 사례이다.

- **목회자(코치)** : 우리가 지금 '구역 모임에 8명 참석할 수 있는 방법 찾기'라는 주제로 대화하고 있는데요. (주제 언급) 이 주제가 중요한 이유가 무엇입니까?

- **구역장(피코치)** : 가장 먼저는 하나님께서 저에게 맡겨주신 사

역이기 때문에 중요해요. 개인적으로도 사역을 잘해서 열매 맺고 싶습니다. 하나님께 인정받고 칭찬받고 싶은데 지금 상태는 오히려 제가 구역 모임을 잘 이끌지 못하고 있다는 생각이에요.

• **목회자(코치)** : 하나님께 인정과 칭찬을 받고 싶으시군요. (요약) 하나님께서는 어떤 구역장을 인정하고 칭찬하실까요? (꼬리 무는 질문)

• **구역장(피코치)** : 가장 중요한 것은 열심 같아요. 열심히 사역해서 구역원들이 행복해하는 구역을 만들고, 열심히 사역해서 구역원이 늘어야겠지요. 나중엔 구역을 둘, 셋으로 분가하는 열매를 거둔 구역장을 칭찬하실 것 같아요.

• **목회자(코치)** : 구역장님은 '열심히' 라는 단어를 많이 사용하시네요. (피코치의 키워드 발견) 구역장님은 구역 사역에서 어떤 부분에 가장 '열심'을 내시나요? (꼬리 무는 질문)

• **구역장(피코치)** : 구역 모임을 잘하기 위해서 가장 신경을 많이 씁니다. 제일 열심을 내는 부분이지요. 모임 장소도 매주 섭외하고 연락하고 구역 모임 순서지도 열심히 공부하면서 구역 모임을 준비합니다.

• **목회자(코치)** : 네~ 구역장님이 열심히 사역하는 모습이 상상됩니다. 열심히 하는 모습을 하나님께서 기뻐하시리라 생각합니다. (인정과 칭찬) '구역 모임을 잘하는 것'은 누구를 위해서입니까? (꼬리 무는 질문)

- **구역장(피코치)** : (곰곰이 생각하다가) 당연히 먼저는 하나님을 위해서이고요. 구역 모임이 잘 진행되면 제가 인정을 받으니까 저를 위한 것이기도 하고요. 그리고 구역원들이 구역에 열심히 참여하면 구역원들도 좋으니까 구역원들을 위해서이기도 한 것 같아요.

- **목회자(코치)** : 네, 그렇지요. 구역원들이 구역에 참여하는 목적이 뭘까요? 구역원들이 구역 모임에 참석해서 얻기 원하는 것은 뭘까요?

- **구역장(피코치)** : 서로 교제하기를 원하지 않을까요? 기도 제목을 나누면서 서로 중보기도하고, 기도를 받기도 원하고요.

- **목회자(코치)** : 현재 구역 모임의 초점은 누구의 필요를 채우는 데 있나요?

- **구역장(피코치)** : 명확하게 생각하지 않았던 질문이에요. 지금까지는 해야 하니까 열심히 했던 것 같아요. 구역원이 무엇을 원하는지 궁금하게 생각하지 않았어요. 그냥 해야 하니까 열심히 했네요.

- **목회자(코치)** : 이 목표에 대해 가지고 있는 경험이나 지식은 무엇인가요?

- **구역장(피코치)** : 사실 작년에도 비슷한 일을 겪었답니다. 해마다 정도의 차이는 있지만 비슷한 어려움을 겪는 것 같아요. 그래서 힘들어요.

- **목회자(코치)** : 어려움을 겪지만 해마다 구역장 사역에 헌신하는 이유는 무엇인가요? (긍정 접속)

• **구역장(피코치)** : 예수님께서 나를 구원해주신 일이 너무 감사해서 구역장을 내려놓을 수 없어요. 정말 많이 부족하지만 주님을 위해서 열심히 사역하고 싶어요.

• **목회자(코치)** : 구원에 대한 감사가 구역장님이 열심히 사역하시는 원동력이네요. (요약) 구역장님께서 그동안 누구보다 열심히 사역하신 것을 잘 알고 있어요. 이번 코칭 대화를 계기로 더욱 성장하시길 축복합니다. (격려)

• **구역장(피코치)** : 네, 목사님. 저도 그렇게 하고 싶어요.

다음은 Option(대안) 대화의 사례이다.

• **목회자(코치)** : 우리가 지금 '구역 모임에 8명 참석할 수 있는 방법 찾기' 라는 주제로 대화하고 있는데요. (주제 언급) 지금 무엇을 해야겠다는 생각이 드나요?

• **구역장(피코치)** : 그동안 구역원들이 어떤 마음으로 구역 모임에 오는지 진지하게 생각하지 않았던 것 같아요. 아까 목사님께서 "'구역 모임을 잘하는 것'은 누구를 위해서입니까?"라고 질문하셨을 때 당연히 구역원들을 위해서라고 생각했습니다. 그런데 사실은 구역장인 나를 위해서 그랬던 것이 큰 것 같아요. '구역 모임이 잘되어야 하니까 모여야 한다'는 생각이 은연중에 있었던 것 같아요. 가장 먼저 해야 할 일은 구역원들이 어떤 마음으로 구역 모임에 참여

하는지 혹은 왜 참여하지 못하는지를 물어봐야겠어요. 그래야 구역원들의 필요를 채울 수 있는 구역 모임을 할 수 있을 것 같아요.

· **목회자(코치)** : 솔직하게 말씀해주셔서 감사합니다. 구역원이 한 명 더 구역 모임에 나오게 하려면 어떻게 해야 할까요?

· **구역장(피코치)** : 주중에 전화해서 근황을 물어보고 기도 제목을 듣고 기도하면 그 사람은 나올 것 같아요. 주중에 구역원들에게 사랑과 관심을 좀 더 표현해야겠네요.

· **목회자(코치)** : 지금까지 시도하지 않았던 새로운 방법이 있다면 무엇일까요?

· **구역장(피코치)** : 주중에 구역원을 만나서 차를 나누거나 식사하는 교제를 거의 안 했던 것 같네요. 사랑과 관심을 좀 더 적극적으로 표현하는 방법이 될 것 같기도 하고요. 물론 매주 모든 구역원을 만나는 것은 불가능하지만 한 주에 1~2명 정도씩은 시간 되는 대로 만날 수 있을 것 같아요.

마지막으로 Will(실행) 대화의 사례이다.

· **목회자(코치)** : 우리가 지금 '구역 모임에 8명 참석할 수 있는 방법 찾기'라는 주제로 대화하고 있는데요. (주제 언급) 말씀하신 여러 가지 대안 중에서 가장 먼저 실천하고 싶은 것은 무엇인가요?

· **구역장(피코치)** : 지난주에 불참한 구역원 중 2명을 이번 주에

한 명씩 만나야겠다는 생각이 들어요. 그동안 너무 모임 자체에만 열심을 내었던 것 같아요. 구역원과 만나 그들의 필요도 듣고 기도 제목도 들으면서 손잡고 기도해주고 싶어요.

- **목회자(코치)** : 방해 요소가 있다면 무엇일까요?
- **구역장(피코치)** : 특별히 없는 것 같아요.
- **목회자(코치)** : 다행이네요, 구역장님. 저도 구역장님의 사역을 응원하겠습니다. 열심이 특심인 구역장님께서 반드시 원하시는 목표 '8명 구역 모임 참석'을 이루실 것이라는 확신이 드네요. 오늘 대화에서 유익한 점이나 얻은 것이 있다면 말씀해주세요.
- **구역장(피코치)** : 제 열심의 방향이 구역원을 향해야겠다고 생각했습니다. 모임 자체를 위한 모임이 되지 않도록 주의해야겠다는 반성이 있었습니다.
- **목회자(코치)** : 제가 어떤 부분을 도와드릴까요?
- **구역장(피코치)** : 저를 위해서 기도해주세요. 제가 많이 부족함을 느낍니다. 그리고 계속해서 코칭을 부탁드리겠습니다.
- **목회자(코치)** : 네, 구역장님. 저도 열심히 기도하며 구역장님을 돕겠습니다.
- **구역장(피코치)** : 감사합니다, 목사님.
- **목회자(코치)** : 우리 대화를 마쳐도 될까요?
- **구역장(피코치)** : 네, 목사님. 감사합니다.

CHAPTER 07

코칭을 활용하여 전도하라

"너는 말씀을 전파하라. 때를 얻든지 못 얻든지 항상 힘쓰라. 범사에 오래 참음과 가르침으로 경책하며 경계하며 권하라"(딤후 4:2).

일반적인 전도, 코칭 전도, 관계 전도

전도는 모든 교회와 그리스도인에게 양면성을 가진 숙제이다. 전도는 평생에 걸친 영광스러운 지상사명이면서, 또 다른 한편으로는 참으로 부담스러운 명령이다. 다른 사람에게 전도하려면 뭔가 아쉬운 소리를 하는 것 같고 복음을 전한다는 이유로 원치 않게 '을의 입장'이 되기도 한다.

그동안 흔히 해왔던 길거리 선포식 전도 방법은 '전도한다'는 측면에서는 칭찬받아 마땅하지만 비신자의 입장에서는 '일방적, 폭력적'으로 다가올 수 있기 때문에 논란이 많이 되어 왔다. 인격적인 관계 형성 없이 '예수 천국, 불신 지옥' 등의 일방적인 구호로 인해 비신자가 복음을 소음으로 여기게 되고 불쾌감이 커져서 갈등의 골이 깊어지기도 했다. 이로 인해 귀중한 복음을 오히려 부정적인 감정과 시선으로 바라보는 사람까지 생겨났다.

이런 전도 방법을 보완하는 방법으로 '코칭을 활용한 전도', 즉 '코칭 전도'는 전도에 대한 심리적인 부담은 줄여주면서 영광스러운 사명을 지속해서 수행할 수 있는 훌륭한 대안이 될 수 있다. 코칭 전도는 '불신자와 친밀한 관계를 비교적 쉽게 형성할 수 있도록 돕는다'는 측면에서 유익함이 있다.

'코칭 전도'란 코칭을 활용한 전도를 말한다. 김학중은 「코칭 리더십으로 교회 살리기」에서 일반적 전도와 코칭식 전도를 〈표 6〉과 같이 비교하였다.

일반적인 전도는 보통 전도자와 대상자 사이의 소통 없이 일방적이다. 불신자는 '지옥 백성'이고, 천국 가는 길을 알고 있는 전도자가 일방적으로 복음을 전달하기에 급급하다. 전도자는 불신자를 죄로 인해 무능력하고, 삶의 참된 목적을 아직 알지 못하는 존재로 여기고, 현재 그의 삶은 하나님 밖에 있기에 큰 의미가 없다고 여긴

■ 표 6. 일반적 전도와 코칭식 전도의 비교

구 분	일반적 전도	코칭식 전도
의사 소통	일방적	쌍방통행
세계관	이분법적	필요 중심적
목표	결과 중심	과정 중심
주도자	전도자	전도 대상자
내용	복음 전달	복음 발견
전도자의 모습	말하기	듣기
내용	무능력자	능력자
피드백	거부감 (이질감)	필요성 절감 (친밀감)

(출처 = 김학중, 「코칭 리더십으로 교회 살리기」)

다. 자연스럽게 대상자는 자신의 존재를 부정당한다고 여기고 복음과 전도자에 대해 거부감을 느끼게 된다. 이런 일이 반복되면 기독교에 대한 적개심과 분노를 마음속에 쌓아두게 된다.

코칭 전도는 사람에게 관심을 두고 사람에게 집중한다. 상호 간에 삶의 교류가 있고 상대방의 생각과 감정을 존중하는 인격적 교류가 있다. 상대의 삶에 관심을 기울이고 소통하며 그들이 복음을 발견할 수 있도록 돕는다. 복음을 전하는 과정에서 대상자들은 전도자의 태도에 호감을 느끼게 된다. 전도자는 대상자들이 겪는 삶의 어려움에 공감하며 경청한다. 대상자들은 전도자에게 점차 친밀감을 느끼며 마음의 문을 열게 된다.

사실 코칭 전도는 완전히 새로운 전도 방법이 아니다. 소위 '관계 전도'의 범주에 속한다고 말할 수 있다. 관계 전도란 전도자가 대상자와 먼저 친밀한 관계를 형성하고 신뢰를 쌓으며 그들의 필요를 채우는 전도 방법이다. 대상자들의 필요는 물질적인 도움, 친밀한 관계, 마음을 터놓고 대화하는 것과 같이 다양하다. 코칭 전도는 대상자의 고민을 함께 나누고 미래를 함께 얘기하며 대상자 마음의 소리를 경청한다. 이런 점에서 코칭 전도는 관계 전도의 장점을 극대화한 전도 방법의 하나라고 볼 수 있다.

관계 전도는 직접적인 복음 전달 이전에 상호 소통하며 인격적이고 친밀한 관계를 먼저 형성한다. 신뢰 관계가 전제된 전도이기에 지속적으로 다양한 만남을 통한 복음 제시를 시도할 수 있다. 예를 들어, 한번은 음식을 대접하며 전도자가 만난 하나님 체험을 간증할 수 있다. 다른 날에는 함께 차를 마시며 고민을 들어주고 기도해줄 수가 있다. 이처럼 지속해서 다양한 방식으로 섬기며 복음을 전할 수 있다는 점에서 관계 전도는 큰 힘을 가지고 있다.

코칭으로 신뢰 관계를 형성하라

모든 사람은 자기 이야기를 하고 싶어 한다. 전도자는 사람의 이런 속성을 기억해야 한다. 그렇지 않다면 전도자가 전도 대상자를 만났을 때 자기 이야기나 자기가 하고 싶은 이야기만 하면서 시간을 다 보낼 수 있다. 대상자의 입장에서는 다시는 반복하고 싶지 않은 경험이 될 것이다. 대상자는 그런 전도자라면 만나고 싶어 하지 않고 피해 다닐 것이다. 전도자가 그 사람에게 복음을 전할 기회는 두 번 다시 오지 않을 것이다.

전도 대상자와 신뢰 관계를 형성하려면 먼저, 상대방을 존중해야 한다. 그의 생각과 감정을 존중하고 그의 삶을 있는 그대로 존중해야 한다. 누군가 '꼰대'를 정의하길 '맞는 말을 기분 나쁘게 하는 사람'이라고 했다. '너는 죄인이고 지옥 백성이야. 예수님 밖에서 네가 하는 모든 일은 무의미해. 내가 전하는 복음을 듣고 지금 당장 우리 교회에 나와야만 해'라는 강압적인 접근법은 꼰대식 접근법이다. 내용 자체는 옳을지라도 듣는 사람이 기분 나쁘다. 이런 말과 태도로는 대상자와 신뢰 관계를 형성할 수 없다.

다음으로 신뢰 관계를 형성하기 위해서는 '나의 목적'이 아니라 '상대방의 필요'에 집중해야 한다. 신앙인이 전도의 목적으로 대상자에게 접근하면 대상자는 '이 사람이 전도하려고 내게 접근하는구나' 하고 쉽게 알아챈다. 그러곤 거리를 두게 된다. 물론 궁극적인 목적은 복음이 분명하지만 과정이 있음을 기억해야 한다. 사랑이라는 과정, 섬김이라는 과정, 관심이라는 과정을 보여주어야 복음에 대한 나의 진심 또한 받아들여 줄 것이다. 내가 하고 싶은 이야기, 내가 접근한 목적에만 집중하면 상대방이 '이 사람은 나에게는 관심이 없고 자기 이야기만 하려고 나에게 접근했구나' 생각하고 심리적으로 차단해 버린다.

신뢰 관계를 형성하기 위해서는 마지막으로 전도자 자신 또한 솔직하게 오픈하는 태도가 필요하다. 불필요한 사생활까지 시시콜콜하게 말하라는 의미가 아니다. 상대방의 고민과 아픔에 공감하는 수준에서 자신의 감정과 삶을 오픈한다면 관계 형성에 매우 유익하다. 대상자를 일방적인 약자, 부족한 사람, 내가 도와주어야 하는 사람으로만 보는 것이 아니라 동등한 인격적 관계로 대할 때 서로가 솔직하게 자신의 삶을 오픈할 수 있다. 전도자 또한 적절한 수위에서 고민이나 즐거운 일, 슬픈 일을 대상자와 함께 나눌 때 대상자는 '이 사람이 나와 동등한 관계에서 친구로 다가오는구나' 라고 느끼게 된다. 대상자를 일방적으로 자기보다 아래로 보고 가르치려고만 한다면 동등한 인격적 관계를 형성할 수 없다.

다음은 '영혼육사' 의 관점에서 전도 대상자와 대화하며 신뢰를 쌓을 수 있는 다양한 질문들이다. 이 질문들은 기계적으로 사용해서는 안 된다. 적절한 상황이나 분위기를 고려하여 조심스럽게 사용해야 한다. 그렇지 않으면 질문의 내용이나 의도는 좋을지라도 대상자가 '무례한 질문' 으로 받아들일 수도 있기 때문에 지혜롭게 사용해야 한다. 참고로 이전 모든 장의 코칭 방법과 질문도 사용가능하다.

먼저 대화를 시작하는 도입 단계에서 불신자와 대화할 수 있는 질문이다.

- 요즘 어떻게 지내세요?
- 최근에 감사한 일, 즐거운 일 있으시면 말씀해주세요.
- 지난 주말에 어떻게 지내셨나요?

다음은 영적인 영역에서 불신자와 대화할 수 있는 질문이다.

- 사람은 어디서 와서 어디로 갈까요?
- 당신은 기적을 경험한 적이 있나요?
- 영적인 세계를 경험한 적이 있나요?
- 영적인 세계에 대해 들은 바가 있나요?
- 신이 존재한다고 믿나요?
- 신의 존재는 당신에게 어떤 의미가 있나요?
- 사람이 죽고 나서는 어떻게 될까요?
- 당신이 세상을 떠날 때 이 세상에 남기고 싶은 것이 있다면 무 엇입니까?
- 세상을 떠날 때 이 세상에 남기고 싶은 메시지가 있다면 무엇 입니까?
- 신이 당신에게 주신 인생의 사명은 무엇인가요?

다음은 심리적인 영역(생각, 감정, 마음)에서 불신자와 대화할 수 있는 질문이다.

- 요즘 가장 많이 생각하는 것이 무엇인가요?
- 최근 주로 느끼는 감정은 무엇입니까?
- 당신 이름 앞에 붙이고 싶은 수식어는 무엇입니까?
- 당신이 가장 '나답다'고 느낄 때는 언제입니까?
- 지난 일주일 동안 일어났던 일 중의 하나를 바꿀 수 있다면 무엇을 바꾸고 싶나요?
- 마음의 평안을 유지하는 자신만의 방법이 있나요?
- 언제 가장 행복감을 느끼시나요?
- 당신 인생의 명장면을 꼽는다면 무엇입니까?
- 당신 인생의 버킷 리스트 다섯 가지는 무엇입니까?
- 당신 인생의 롤모델은 누구입니까?
- 현재 삶에서 감사한 것 세 가지는 무엇입니까?
- 자신이 생각하는 강점 세 가지는 무엇입니까?
- 당신 자신에게 주고 싶은 최고의 선물은 무엇입니까?
- 당신 삶을 영화로 만든다면 어떤 제목을 붙이고 싶나요?
- 마음의 에너지를 충전하는 나만의 비법은 무엇입니까?

이어서 육체적인 영역에서 불신자와 대화할 수 있는 질문이다.

- 당신만의 건강관리 비결은 무엇입니까?
- 당신의 건강을 1~10점으로 점수를 매겨본다면 몇 점입니까?
- 건강 점수를 1점(혹은 5점) 올리기 위해 무엇을 해야 할까요?
- 지금 건강을 위해 노력하는 것은 무엇인가요?
- 건강에 꼭 필요한 일인데 미루고 있는 게 있다면 무엇인가요?
- 좋아하는 취미나 즐겨하는 스포츠가 있나요?
- 건강을 위해 즐겨 드시는 음식은 무엇인가요?

마지막으로 사회적인 영역(교회, 가정, 일터, 사회)에서 불신자와 대화할 수 있는 질문이다.

- 가족 소개를 해주세요.
- 세상을 떠날 때 가족들에게 남기고 싶은 유언이 있다면 무엇입니까?
- 자손에게 남기고 싶은 무형의 유산, 유형의 유산이 있나요?
- 자녀들이 당신을 어떤 사람으로 기억해주었으면 좋겠습니까?
- 가족들에게 가장 듣고 싶은 말은 무엇입니까?
- 당신에게 힘을 주는 사람은 누구입니까?
- 최근에 이룬 성취가 있다면 말씀해주세요.
- 몰입하고 싶은 일은 무엇인가요?
- 최근에 새로 시작했거나 도전하는 일이 있나요?

- 대인 관계를 원만하게 하는 당신만의 비결은 무엇입니까?
- 직업 영역에서 평생의 목표는 무엇인가요?
- 성공적인 인생이란 무엇이라 생각하나요?
- 당신 인생의 3대 뉴스를 꼽는다면 무엇인가요?
- 당신이 가장 많이 들었던 칭찬은 무엇인가요?
- 당신이 받았던 최고의 칭찬은 무엇입니까?
- 지금 실행하지 않으면 나중에 후회할 것 같은 일 한 가지는 무엇입니까?
- 가족이나 친구 중에 교회 다니는 사람이 있나요?
- 과거에 교회 다녔던 경험이 있나요?

기본적인 대화의 구조는 영혼육사 '역순'으로 진행하면 된다. 먼저 도입 질문을 하고 꼬리 무는 질문을 1~2번 하면서 부드럽게 대화를 시작한다. 이어서 가족에 대한 주제, 일에 대한 주제를 나눈다. 건강에 관한 주제로 운동이나 취미에 대하여 대화한다. 자주 하는 생각, 심리적인 평안함이나 행복에 대해서 나눈다. 영적 체험이나 과거 교회 활동을 하였는지에 대해서 나눈다.

코칭 일반적인 원리대로 중간중간 인정, 칭찬을 하며 대화를 이어간다. 전도 대상자가 자주 사용하거나 좋아하는 키워드를 잡고 관련되는 질문을 하고 꼬리 무는 질문으로 이어 들어간다. 대상자의 강점을 발견하고 인정, 칭찬한다. 대화를 통해 관점 전환, 사고 확장, 에너지가 상승하도록 한다. 대상자는 전도자와 대화하면서 기분이 좋아지고 자기 생각이 넓어지고 정리된다는 인상을 받는다. 신뢰 관계를 점차 형성하게 되어, 지속적인 전도가 가능하게 된다.

전도팀을 팀 코칭하라

그룹은 '공통 목적'을 가진 사람의 모임이다. 공통 목적이란 구성원들이 각각 자신의 목적을 가졌는데 그 목적이 서로 동일하다는 의미이다. 예를 들어, 한국발 미국행 비행기에 탄 승객들의 경우 '미국 도착'이라는 공통 목적을 가졌다. 「리더십 팀 코칭」에 따르면 그룹 코칭은 그룹 내에서 개인을 코칭하는 것이고, 그룹 구성원은 돌아가면서 피코치가 되고, 다른 그룹 구성원은 해당 개인에 대한 코칭 자원의 일부가 된다.

카첸바흐(Katzenbach)와 스미스(Smith)는 팀을 '공동의 목적과 성과 목표, 그리고 상호 책임과 상호 보완 기술을 가진 소수의 사람들'이라고 정의했다. 이를 간략하게 설명한다면, 팀은 '공동 목적'을 가진 사람의 모임이다. 공동 목적이란 팀 구성원들이 공유하는 '한 가지' 목적을 뜻한다. 예를 들어 한국발 미국행 비행기의 승무원이 팀이라 할 수 있다. 그들의 한 가지 목적은 탑승객들이 안전하고 편안하게 미국에 도착할 수 있도록 서비스하는 것이다.

데이비드 클러터벅(2007)은 팀 코칭을 "성찰과 대화를 통해 팀의 성과와 성과를 달성하는 프로세스를 개선할 수 있도록 지원하는 것"으로 정의했다. 팀 코칭은 코치가 팀의 성과와 프로세스 모두에 개입하여 구성원들이 팀의 공동 목표를 수행할 때 집단의 자원을 적절하게 활용하여 성과를 낼 수 있도록 팀과 직접적인 상호작용을 하는 것을 말한다.

그룹 코칭이나 팀 코칭이나 모두 그룹을 대상으로 한다는 점에서 공통점이 있다. 개인이 아니라 그룹 혹은 팀이기 때문에 구성원 상호 간의 관계 형성과 역동성을 일으키는 점이 매우 중요하다. 이는 일대일 코칭과 뚜렷하게 차이가 나며, 다수가 모인 그룹 혹은 팀의 강점을 가장 잘 활용할 수 있는 방식이기도 하다. 그래서 그룹 혹은 팀을 코칭할 때 코치는 말 그대로 '사회자' 혹은 '인도자' 같은 역할을 하여, 구성원들이 내용을 주도하면서 서로 역동적인 영향을 주고받아 공동 목적, 공동 목표를 이루도록 인도해야 한다.

전도팀은 팀이다. 전도팀은 '사랑과 복음을 전하여 영혼을 구원한다' 는 공동 목적을 가지고 있다. 일정 기간 운영되는 전도팀은 공동 목적에 집중하며 공동 목표를 설정하고 각각의 역할을 나누어 사역을 진행한다. 다음과 같은 방식으로 전도팀을 팀 코칭할 수 있다. 다음은 전도팀 코칭법의 한 가지 사례이며 팀의 속성이나 교회의 문화 등에 따라 다양한 방식으로 변형하여 코칭할 수 있다.

▶ 정기적인 전도팀 코칭법

이 방식은 정기적으로 모여서 전도하는 전도팀이 활용할 수 있는 방법이다. 코치가 구성원들에게 공통 질문을 하고 참석자들은 나눔을 한다. 한 사람이 나눔을 끝낸 후, 다음 사람을 지명하면 그 사람이 나눔을 한다. 2~3회 각각 다른 질문으로 나눔을 반복한다.

첫 번째 나눔을 할 때는 코치가 "최근에 감사한 일 하나씩 나누어주세요"라고 요청하고, 한 사람씩 나눈다. 나눔을 마치면 모두가 박수를 친다. 나눔을 마친 사람은 다음 나눔을 할 사람을 지명한다. 경우에 따라 지명한 이유를 말하거나 그 사람을 칭찬하며 지명한다.

두 번째 나눔에서는 코치가 "지난주 공약 결과와 최근 이슈를 나누어주세요"라고 요청하고, 한 사람씩 나눈다. 최근 전도하면서 어려운 점이나 다른 사람의 도움을 받고 싶은 것을 질문한다. 한 사람이 이슈를 말하면 참석자들이 돌아가며 해당 이슈에 대해 '1분 코멘트'를 간단히 한다. 자기 경험과 사례 중심으로 이야기하면 가장 좋다. 끝나면 발표자가 들었던 이야기 중에서 새롭게 깨달은 것이나 도움이 되는 점을 나누고 다음 발표자를 지명한다.

세 번째 나눔에서는 코치가 "한 주 동안 전도하면서 실천할 공약을 구체적으로 선포해주세요"라고 요청한다. 참석자들은 돌아가면서 한 주 동안 실천한 내용을 나눈다.

▶ 전도팀 OKR 코칭법

OKR은 목표(Objective)와 핵심 결과(Key Results)를 의미한다. 전도팀 구성 단계 혹은 연초, 분기 초 등과 같이 목표와 결과와 실천 사항을 결정할 때 유용한 팀 코칭 방법이다. 「OKR 파워」에 따르면 다음과 같은 방식으로 '전도 OKR'을 작성할 수 있다.

■ 표 7. OKR 실행계획서

목표 (objective)	
핵심 결과 (key results)	

(출처 = OKR 파워)

1) 환경 설정하기

먼저 환경을 준비한다. 벽에는 크고 하얀 전지를 붙이고 테이블 위에는 여러 가지 색깔의 사인펜, 마커펜, 가위, 포스트잇, 스티커 등 다양한 필기도구를 준비한다. 팀원들은 테이블에 둘러앉는다.

2) 목표(Objective) 설정하기

목표는 '팀이 궁극적으로 성취하고 싶은 것' 을 뜻한다. 코치는 다음과 같이 질문한다.

● 우리 전도팀의 가슴 뛰는 목표는 무엇인가요?
● 우리가 궁극적으로 성취하고 싶은 것은 무엇입니까?

2-1) 다음은 전도팀 목표(Objective)의 사례이다.

● 청년들에게 효과가 있는 전도 방법을 만들자.
● 열정적인 전도자가 되자.
● A, B 학교 학생들이 복음을 듣게 하고 알게 하자.
● 온라인으로 복음을 전할 방법을 찾자.
● 사람들이 오고 싶은 교회로 만들자.
● 도시를 복음화하자.

2-2) 모든 구성원은 한 개 이상의 목표를 포스트잇에 적어 벽에 붙인 전지 위에 붙인다.

2-3) 한 사람씩 자신이 작성한 목표를 발표한다.

2-4) 투표용 스티커(다양한 색깔의 원형, 별표 등)를 목표에 붙여서 가장 많은 표를 받은 목표를 선택한다. 선택은 얼마

나 열정을 불러일으키는가? 혹은 팀의 우선순위 등을 고려한다.

2-5) 좋은 목표(Objective)의 기준은 다음과 같다.

● 전도팀의 방향성이나 사명을 달성하는 데 도움을 주는가?
● 팀원들에게 영감을 주고 열정을 불러일으키는가?
● 우선순위의 목표인가?
● 기간(3개월, 6개월, 1년)이 정해진 목표인가?

2-6) 도출된 목표(Objective)를 OKR 실행계획서에 정리한다.

3) 핵심 결과(Key Results) 설정하기

핵심 결과는 '목표를 달성했다는 것을 알 수 있는 지표'이며, 기준, 숫자, 결과의 형태로 나타난다. 코치는 다음과 같이 질문한다.

● 우리가 목표를 달성했다는 것을 구체적으로 어떻게 알 수 있는가?

3-1) 다음은 전도팀 핵심 결과(Key Results)의 사례이다.

● 구역 초청 모임에 10명 초대하기

- 5명 세례받기
- 새신자 성경 공부에 10명 등록하기
- 도시 복음화율 1% 높이기
- 한 달에 10명 교회 등록하기

3-2) 모든 구성원은 각각 3개 이상의 KR을 포스트잇에 적어 벽에 붙어 있는 전지 위에 붙인다.

3-3) 한 사람씩 자신이 작성한 KR을 발표한다.

3-4) 비슷한 아이디어끼리 그룹핑하여, 카테고리를 기록한다.

3-5) 투표용 스티커 (원형, 별표 등)을 KR에 붙여서 가장 많은 표를 받은 KR을 세 가지 선택한다.

3-6) 좋은 핵심 결과(Key Results)의 기준은 다음과 같다.

- 결괏값이 구체적이고 명확한가?
- 행동이 아닌 결과 중심인가?
- KR을 달성하면 O가 달성되는가?
- 달성하기 너무 쉽거나 너무 어렵지 않고, 도전적인 KR인가?

3-7) 도출된 핵심 결과(Key Results)를 OKR 실행계획서에 정리한다.

4) 로직 모델로 활동(Activity) 작성하기

투입(Input) - 활동(Activity) - 산출(Output) - 결과(Out-come) 단계로 이루어진 로직 모델을 이용하여 활동을 이끌어 낸다. KR은 활동이 아니라 산출 영역에 위치한다. 활동은 KR을 성취하기 위한 활동이다. 코치는 다음과 같이 질문할 수 있다. 활동은 KR을 달성하고, KR은 O를 달성한다.

● 목표를 달성하기 위해 어떤 활동을 실행할까요?

4-1) 다음은 전도팀 활동(Activity)의 사례이다.

● 전도 대상자 명단 개인당 30명 리스트 작성하기
● 매주 전도 활동에 전도 팀원 100% 참석하기
● 매일 3명에게 전도지 나누어주기
● 전도지 매주 100장씩 나누어주기
● 유튜브 채널 개설하기
● 유튜브 채널에 매주 한 개씩 복음 컨텐츠 업로드하기

4-2) 모든 구성원은 각각 3개 이상의 활동을 포스트잇에 적어 벽에 붙인 전지 위에 붙인다.
4-3) 한 사람씩 자신이 작성한 활동을 발표한다.

4-4) 비슷한 아이디어끼리 그룹핑하여, 카테고리를 기록한다.

4-5) 투표용 스티커(원형, 별표 등)를 활동에 붙여서 가장 많은 표를 받은 활동을 세 가지 선택한다.

4-6) 도출된 활동을 로직 모델에 정리한다.

■ 표 8. 로직 모델

투입 (Input)	활동 (Activity)	산출 (Output)	결과 (Outcome)
무엇을 투입하는가?	무엇을 실행하는가?	직접적으로 얻는 것은?	최종적인 결과/영향은?

(출처 = 가인지 컨설팅 그룹)

5) OKR 실행계획서 작성하기

최종적으로 OKR 실행계획서를 작성한다. 지금까지 작업한 목표, 핵심 결과, 활동을 한 장의 종이에 정리한다. 예를 들어 3개월 계획이라면 우선순위를 따라 한 달에 하나의 핵심 결과 중심으로 활동을 진행할 수 있다. 각 활동의 담당자를 정한다.

■ 표 9. OKR 실행계획서

목표 (objective)		
핵심 결과 (key results)	활동 (Activity)/ 담당자	

(출처 = 가인지컨설팅그룹)

코칭 도구를 활용하여 전도하라

코칭 카드를 활용하면 코칭 전도를 좀 더 쉽고 재미있게 할 수 있다. 코칭에 익숙하지 않으면 전도 대상자를 만났을 때 무슨 말을 어떻게 시작해야 할지, 이 사람이 대답하면 내가 다음 질문을 무엇으로 이어갈지 머리가 복잡하게 된다. 심리적으로 부담스러우면 코칭 질문과 대화가 자연스럽지 못하다. 대화가 맥락 없이 툭툭 끊어지거나 다음 질문을 생각하느라 막상 대상자의 말을 경청하지 못하는 함정에 빠지기도 한다.

이런 경우 코칭 카드를 활용하면 전도자 자신이 심리적 안정감을 유지하면서 동시에 대상자에게 흥미를 유발할 수 있다. 한 가지 코칭 카드를 여러 번 활용할 수도 있고, 다양한 코칭 카드를 사용할 수도 있다. 여기에서 '솔라리움Ⅱ' 코칭 카드를 간단하게 소개하고자 한다. 부록에서 더욱 다양한 코칭 도구들을 상세하게 소개하였다.

여러 가지 코칭 카드 중에서 가장 추천하고 싶은 코칭 카드는 한국대학생선교회(CCC)에서 나온 '솔라리움Ⅱ' 카드이다. 솔라리움 카드는 관계 전도의 좋은 도구이며, 다음과 같이 소개하고 있다.

> "관계 전도는 평소 알고 지내는 사람들과의 관계 속에서 복음을 지속적으로 전하고 그들의 마음을 열어 교회로 인도하는 전도 방법이다. 솔라리움은 상대방의 생각과 영적 상황들에 대해 탐험하는 단계에서 매우 유용하다. 사람들을 가장 잘 이해할 수 있는 방법은 잘 들어주는 것이다. 솔라리움은 사진을 통해 상대방의 이야기를 듣는 좋은 도구이다. 질문에 대한 답을 이미지화하고 그 사진에 대한 자신의 생각을 표현한다."

솔라리움은 50장의 사진과 4개의 질문을 통해 대상자의 마음과 생각에 접근할 수 있도록 돕는다. 이를 통해 대산자의 영적 상태, 삶의 모습, 생각, 감정을 경청할 수 있다. 솔라리움을 단지 상대방에 대한 정보를 모으거나 복음을 빨리 전할 수 있는 방법으로 사용하지 말라. 상대방의 이야기를 경청하면서 친밀하고 진실한 관계를 형성할 수 있는 도구로 보아야 한다.

솔라리움 카드는 다음 순서를 따라 사용하면 유익하다.

1) 상대방에게 우리 삶과 영적 여행에 대하여 대화를 나눌 수 있도록 돕는 사진 50장과 질문 네 가지가 있다고 소개한다.

2) 솔라리움 사진 카드 50장을 펼치고 네 가지 질문을 한 가지씩 차례대로 한다. 상대방은 질문 한 가지에 그림을 1~3장 고르고 그 이유를 설명한다. 네 가지 질문과 대답을 모두 주고받는다.

3) 다음과 같은 추가 질문, 혹은 꼬리를 무는 질문을 할 수 있다.

● 당신이 ○○○에 대해 말할 때 아주 인상 깊었습니다. 더 자세히 말씀해주세요.

● 당신 삶에서 이루어지기를 소망하는 사진이 이 사진이었는데요. 이와 관련하여 제 이야기를 들려 드려도 될까요?

4) 상대방의 의견을 물어보고 간증을 하거나 복음을 전하거나 상대방에게 기도 제목을 묻고 기도할 수 있다.

솔라리움 네 가지 질문은 다음과 같다.

● 요즘 당신의 삶을 잘 나타내는 사진을 세 장만 골라주세요. 그 사진을 선택한 이유는 무엇인가요?

● 이번엔 당신 삶에서 이루어지기를 소망하는 사진 세 장을 고

르세요. 그 사진을 선택한 이유는 무엇인가요?

- 신의 존재에 대해 떠오르는 이미지를 고른다면 어떤 사진을 선택하겠습니까? 그 사진을 선택한 이유는 무엇인가요?
- 지금까지 살아오면서 교회에 대한 이미지 또는 영적으로 경험한 일이나 상황을 잘 나타낸 사진이 있다면 어떤 사진을 선택하겠습니까? 그 사진을 선택한 이유는 무엇인가요?

코칭 카드를 사용하는 목적은 지속적이고 친밀한 관계를 형성하기 위함이라는 사실을 기억해야 한다. 코칭 카드를 일회용으로 사용하지 말고 지속적인 신뢰 관계를 형성하기 위하여 사용하라. 코칭 카드에서 제시한 네 가지 질문 외에도 이 책에 수록된 다른 코칭 질문에도 솔라리움 카드를 활용할 수 있다.

코칭 카드를 활용할 때도 코칭의 일반적인 기술을 사용하는 것이 좋다. 상대방의 강점을 찾아 인정과 칭찬하기, 긍정적인 부분을 찾아 드러내기, 자주 사용하는 피코치의 키워드를 찾아 강조하기, 강점이나 키워드를 활용하여 질문하기, 꼬리 무는 질문하기, 관점 전환 – 사고 확장 – 에너지 상승의 패턴 유지하기 등의 원리를 적극 활용한다.

- 부 · 록 · 1 -

즉시 활용
가능한
코칭 도구

　당신은 삶의 여러 영역에서 얼마나 만족하십니까? 인생의 각 영역에 해당하는 번호를 1부터 10 사이에서 동그라미로 표시하십시오. 만약 어떤 항목에서 1을 선택했다면, 그 영역에서 완전히 불만족하다는 뜻입니다. "내 인생의 이 부분은 현 상태로는 도저히 받아들일 수 없다"는 의미지요. 10을 선택하면 "나는 더없이 행복하며 이 영역에서 완전히 만족한다"는 뜻입니다.

　날마다 당신의 전반적인 만족도가 변하겠지만, 당신이 현재 어느 시점에 있는지 전반적인 평가를 하려고 노력해보십시오. 본인에게 해당되지 않는 항목은 건너뛰어도 됩니다.

1	2	3	4	5	6	7	8	9	10	신체적인 건강
1	2	3	4	5	6	7	8	9	10	정신 / 정서적 건강
1	2	3	4	5	6	7	8	9	10	직업 / 고용 만족도
1	2	3	4	5	6	7	8	9	10	재정적 안정
1	2	3	4	5	6	7	8	9	10	부부 / 연인 관계
1	2	3	4	5	6	7	8	9	10	가정생활 (직계가족)
1	2	3	4	5	6	7	8	9	10	확대가족 (친척, 인척)
1	2	3	4	5	6	7	8	9	10	친구 / 사회생활
1	2	3	4	5	6	7	8	9	10	오락 / 여가
1	2	3	4	5	6	7	8	9	10	생활방식 (바쁜 정도)
1	2	3	4	5	6	7	8	9	10	개인적인 인생 성취도
1	2	3	4	5	6	7	8	9	10	개인적인 종교생활
1	2	3	4	5	6	7	8	9	10	육체적인 편안함 (주택, 이웃, 자동차 등)

동그라미 친 것을 연결해서 그래프를 만드십시오.

이제 문항을 처음부터 다시 풀면서 당신이 도달하고 싶은 번호에 다른 색깔로 동그라미를 치십시오. 이러한 동그라미를 연결해서 또 다른 그래프를 만드십시오. 다른 색깔 볼펜이나 점선으로 표시해서 그래프가 혼동되지 않게 하십시오.

(출처 = 코칭바이블, IVP)

태어났을 때부터(필요한 경우 부모님 스토리부터) 현재까지 나이에 따라 일어났던 사건들을 기록한다. 행복한 사건, 불행한 사건, 현재의 내 모습을 형성하기까지의 결정적인 사건을 기록하고 나눈다. 스케치북처럼 넓은 종이가 좋으나 A4용지를 사용해도 무방하다. 색연필, 볼펜, 사인펜 등 다양한 필기도구를 활용하여 자기 삶에서 인상적이었던 지점을 점, 그림, 글로 표현한다. 결정적인 사건에 점을 찍고 점을 모두 연결하여 인생의 '굴곡'을 시각적으로 확인한다.

(그래프 세로축 위에서부터) 행복 / 나이 / 불행
(그래프 가로축) 출생 / 현재

※ 과거 그래프 예

다음과 같은 코칭 질문을 하고, 꼬리 무는 질문을 통해 생각, 감정, 마음을 나눈다.

● 사건 중심으로 성장 과정을 이야기해주세요

....

....

....

....

● 지금의 당신에게 가장 큰 영향을 끼친 사건을 이야기해주세요

....

....

....

● 현재 당신의 모습을 형성하는 데 결정적인 사건은 무엇인가요?

....

....

....

● 당신 인생을 색깔로 표현한다면 어떤 색이고, 그 이유는 무엇
인가요?

....

....

....

● 과거 당신이 이룬 가장 큰 성취는 무엇인가요?

....

....

....

● 가장 행복했던 경험은 무엇인가요?

....

....

....

● 힘들었던 상황을 멋지게 극복한 경험이 있었나요?

....

....

....

● 가장 힘들었던 경험은 무엇이고, 어떻게 극복했나요?

....

....

....

● 어려운 상황에서 당신을 도와주었던 사람은 누구인가요?

....

....

....

● 어려운 상황을 극복할 수 있었던 마음가짐이나 신념은 무엇
인가요?

....

....

....

● 이루고 싶은 꿈을 위해 지금껏 기울인 노력은 무엇인가요?

....

....

....

미래의 인생 그래프를 미리 그려 볼 수도 있다. 예를 들어 40세인 사람이 0~40세의 인생 그래프를 그리고 나누는 시간을 가졌다면, 41~100세까지의 인생 그래프를 그려보는 것이다. 앞으로 각 나이대에 원하는 목표와 인생 최종 목표를 고민할 수 있다.

다음과 같은 코칭 질문을 하고, 꼬리 무는 질문을 통해 생각, 감정, 마음을 나눈다.

● 미래의 인생 그래프를 그려주세요.
● 나이대마다 이루고 싶은 목표가 무엇인가요?

행복

나이

불행

현재 　　　　　　　　　　　　 사망

※ 미래 그래프 예

● 이 세상에 남기고 싶은 것이 무엇인가요?

....

....

....

● 인생 최종 목표는 무엇인가요?

....

....

● 사람들에게 어떤 사람으로 기억되고 싶은가요?

....

....

....

....

● 신 앞에 섰을 때 신에게 당신 인생을 어떻게 설명할 수 있을
까요?

....

....

....

....

● 신이 당신에게 준 소명은 무엇인가요?

....

....

....

....

　　라이프 밸런스 휠은 자신의 삶과 역할의 다양성을 한 장의 그림으로 그려, 잘하는 것과 부족한 부분을 살펴보면서 균형을 점검하는 도구이다. 자기 삶의 균형을 한 눈에 파악할 수 있다는 장점이 있다.

　　라이프 밸런스 휠의 8개 영역은 우리 인생 각 분야에 대한 균형을 의미하는데, 이 도구를 활용하는 방법은 다음과 같다.

1) 먼저 각 영역의 점수를 매긴다.
2) 매우 만족하면 10점을 체크하고, 매우 불만족이면 1점을 체크한다.
3) 영역별 만족도를 하나의 선으로 연결하여 '휠'을 그린다.
4) 8개의 영역 중에서 하나씩 선택한 것을 주제로 해서 이야기를

나눈다.

5) 낮은 점수에 체크한 항목에 집중하여 원하는 점수를 목표로 세워 대안 찾기로 나아갈 수 있다. 높은 점수에 체크한 항목에 집중하여 성공 원인이나 강점을 발견할 수 있다.

라이프 밸런스 휠을 통해 스스로 작성한 것을 시각적으로 즉시 확인하며 자신의 현재 모습을 볼 수 있다. 더 나아가 삶의 목표를 분명하게 갖게 되는 계기가 된다.

항목마다 다음과 같은 질문을 병행할 수 있다.

1) 영성, 종교, 봉사활동

● 당신의 종교는 무엇인가?

....

....

● 당신에게 신은 어떤 의미인가?

....

....

....

....

● 신이 있다면? 혹은 신이 없다면? 인생이 어떻게 달라질 것인가?

....

....

....

● 신이 있다면 당신이 어떤 인생을 살기를 원하겠는가?

....

....

....

2) 가족, 친구 관계

● 가족생활에서 가장 좋은 점은? 어려운 점은?

....

....

....

● 이상적인 가족 관계는 어떤 모습인가?

....

....

....

■ 그림 4. 라이프 밸런스 휠

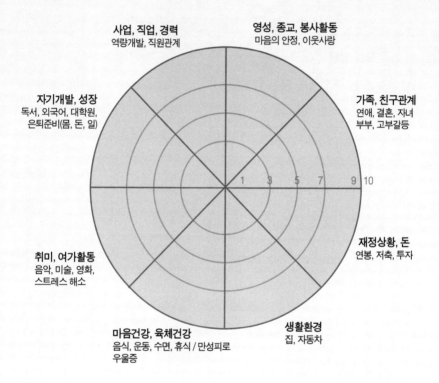

사업, 직업, 경력
역량개발, 직원관계

영성, 종교, 봉사활동
마음의 안정, 이웃사랑

자기개발, 성장
독서, 외국어, 대학원,
은퇴준비(몸, 돈, 일)

가족, 친구관계
연애, 결혼, 자녀
부부, 고부갈등

1 3 5 7 9 10

취미, 여가활동
음악, 미술, 영화,
스트레스 해소

재정상황, 돈
연봉, 저축, 투자

마음건강, 육체건강
음식, 운동, 수면, 휴식 / 만성피로
우울증

생활환경
집, 자동차

● 이상적인 친구 관계는 어떤 모습인가?

....

....

....

3) 재정 상황

● 돈은 당신에게 어떤 의미인가?

....

....

....

● 재무 상태에서 달라지고 싶은 부분은?

....

....

....

4) 생활환경

● 당신의 소유가 어떻게 인생의 질을 향상시키는가?

....

....

....

● 당신을 행복하게 만드는 것은?

....

....

....

● 당신을 괴롭히거나 불편을 주는 부분은?

....

....

....

● 생활환경에서 하나만 변화시킬 수 있다면?

....

....

....

5) 마음 건강, 육체 건강

● 현재 건강 상태는?

....

....

....

● 건강을 위한 운동이나 취미 활동은 어떻게 하고 있나?

....

....

....

● 음식, 운동, 수면, 휴식은?

....

....

....

● 마음의 건강 상태는 어떠한가?

....

....

....

● 마음의 건강을 유지하는 나만의 방법은?

....

....

....

6) 취미, 여가 활동

● 좋아하는 취미 활동은? 좋아하는 이유는?

....

....

....

● 스트레스 해소 방법은?

....

....

7) 자기 계발, 성장

● 지금까지 최고의 성장을 이룬 경험은?

....

....

....

● 목표를 이루기 위해 필요한 역량, 기술, 지식이 있다면?

....

....

....

● 향상하고 싶은 역량, 기술, 지식은?

....

....

....

● 언제, 어떤 상황에서 당신은 성장하는가?

....

....

....

8) 사업, 직업, 경력

● 일에 대해 만족하는 점은?

....

....

....

● 경력 중에서 최고의 성과는?

....

....

....

● 직업과 관련하여 가장 중요하게 여기는 것은?

....

....

....

● 업무에서 변화를 주고 싶은 부분은?

....

....

....

국제크리스천코치협회(ICCF) 협회장이자 감사연구소 소장 한건수는 "코칭은 운동 경기의 하프타임과 같다. 왜냐하면 전반전(과거)을 돌아보고 후반전(미래)을 준비할 수 있기 때문이다"라고 말했다. 인생의 하프타임에서 돌아볼 것을 다음과 같은 코칭 질문으로 제안했다.

하프타임, 라커룸에서 생각해보자.

● 내 시간과 재능의 80%를 한 가지에 집중한다면 그건 무엇인가?

....

....

● 하나님을 생각의 중심에 놓으려면 어떻게 해야 할까?

....

....

● 2년 후 완벽한 삶을 살고 있다면 어떤 모습일까?

....

....

● 전반전에서 빛을 보지 못한 강점이 있다면 무엇인가?

....

....

전반전을 비디오 분석한 결과, 자신에 대해서 무엇을 알았나?

● 자신에 대해 알게 된 것은 무엇인가?

....

....

● 어떤 일에 시간과 돈(자원)을 썼나?

....

....

● 가장 성공적으로 이룬 일은 무엇인가?

....

....

● 가장 무력했던 상황은?

....

....

● 가장 큰 전환점이 되었던 사건은 무엇이며, 나에게 어떤 영향
을 미쳤나?

....

....

....

● 전반전, 하나님과 나의 관계를 한마디로 정리하자면?

....

....

....

....

후반전은 이렇게.

● 3장의 명함을 만든다면?

....

....

....

● 그것으로 누구를 어떻게 도와줄 수 있을까?

....

....

....

● 내가 하고 싶은 하나님의 일은?

....

....

....

● 너무 좋아서 무보수로 하고 싶은 일은?

....

....

● 함께 일하고 싶은 사람들은 누구인가?

....
....
....

● 자녀들(가족)에게 바라는 것은 무엇인가?

....
....
....

● 그들에게 나는 어떤 사람으로 기억되고 싶은가?

....
....
....
....

강점은 최대한 강화하고, 약점은 최소한으로 보완한다. 약점에 집중하지 말고 강점에 집중해야 최대한의 성과를 낼 수 있다. 사람이 성과를 내는 것은 약점 보완의 결과가 아니라 강점 발휘의 결과이기 때문이다. 약점은 최소한 장애가 되지 않을 정도로만 보완한다.

먼저 자신의 강점을 파악한다.

● 스스로 생각하는 '나의 강점'을 세 가지 기록한다.

　(주위 사람 세 명에게 그들이 생각하는 '나의 강점'을 세 가지 요청하여 참고한다.)

....

....

....

다음과 같은 코칭 질문으로 자신의 강점을 탐구한다.

● 나의 강점을 잘 발휘하면 나는 어떤 삶을 살게 될까?

....

....

● 이 강점을 살린다면 일에서 어떠한 성과를 거둘 수 있을까?

....

....

● 나의 강점을 활용하여 가정, 교회, 일터에서 새롭게 시도할 수
있는 것은? (강점 하나에 새로운 시도 세 가지를 기록한다.)

....

....

....

....

● 나의 강점을 가정, 교회, 일터에서 새로운 기회로 바꿀 방법
은 무엇일까?

....

....

● 나의 강점으로 일터와 인간관계에서 변화를 줄 방법은?

....

....

....

● 강점을 강화하기 위해 새롭게 시도할 수 있는 것은? (강점 하나에 새로운 시도, 경험, 기술, 학습 등의 영역에서 세 가지를 기록한다.)

....

....

....

....

....

● 모든 구성원이 자신의 강점을 최대한 발휘하는 조직을 만들 수 있는 방법은 무엇인가?

....

....

....

- 부 · 록 · 2 -

기존 제품 구입 후
활용하는
코칭 카드

'솔라리움 II' 활용에 관한 자세한 내용은 '7장, 코칭을 활용하여 전도하라'를 참조하라.

'솔라리움 II' 안내서에 따르면 대상에 따라 다른 방식으로 대화를 시작할 수 있다.

첫째, 모르는 사람을 만나 대화를 시작할 때 "저는 지금 50장의 사진을 통해 사람들이 자신의 삶에 대해 어떻게 이야기하는지 리서치하고 있습니다. 제가 몇 가지 질문을 하면 이 사진들이 당신에게 어떤 의미인지 말씀해주시길 부탁드립니다."

둘째, 친구나 이웃, 직장동료 등 아는 사람을 만났을 때 "나에게 우리가 살아가는 삶과 영적 여행에 대해서 나눌 수 있는 사진 세트가 있는데, 내가 네 가지 질문을 하면 네 이야기를 해줄 수 있겠니?"

셋째, 상대방이 "이것으로 무엇을 하려 하는가?"라고 질문하면 "저는 크리스천인데요. 다른 사람들의 영적 여행에 관한 이야기를 들어주고 이해하는 능력을 키우고 싶습니다. 이 사진들을 가지고 이야기하는 것이 대화를 쉽고 편하게 할 수 있는 좋은 방법인 것 같습니다"라고 답한다.

솔라리움II카드

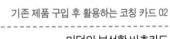
한국버츄프로젝트에서 나온 '미덕의 보석함 버츄카드' 는 성품을
훈련하기에 유익하다. 버츄프로젝트는 다음과 같이 소개하고 있다.

"버츄프로젝트의 비전은 미덕의 언어를 통해 아름다운 세상을 만
드는 데 기여하는 것이다. 소명은 우리 가슴에 내재되어 있는 미
덕의 보석을 갈고 닦는 데 필요한 효율적인 방법과 전략을 제공
하는 것이다."

52가지 미덕에는 감사, 배려, 유연성, 창의성, 봉사, 책임감, 겸
손, 사랑, 관용, 인정, 끈기, 평온함, 열정, 너그러움, 정직, 예의, 화
합, 용서 등이 있다.

미덕의 보석함 버츄카드

개인적으로 성찰할 경우 다음과 같은 순서를 따른다.

- "오늘 내게 어떤 미덕이 필요할까?" 질문한다.
- 눈을 감고 카드 한 장을 무작위로 뽑는다.
- 뽑은 카드를 낭독하고 음미한다.
- 정해진 기간에 실천하도록 노력한다.

그룹으로 성찰할 경우 다음과 같은 순서를 따른다.

- 차분한 마음으로 카드를 한 장씩 뽑는다.
- 낭독하고 영감을 서로 나눈다. 자기 삶과 연관 지어 그 미덕이 어떤 확신을 심어주는지, 혹은 어떤 새로운 통찰을 제공해 주는지 이야기한다.
- 조용히 경청하고 이야기를 발견한 미덕을 인정한다.

인원이 많을 때는 소그룹으로 나누어 위와 같이 진행한다. 그룹 전체 혹은 소그룹마다 한 장의 카드를 뽑아 그 미덕이 모임의 목적과 어떤 관련이 있는지 돌아가며 이야기할 수 있다.

본하트 정서카드에 따르면 코칭에서 정서는 '마음 밭'과 같다. 어릴 때부터 정서는 인성의 토양이 된다.

불안, 분노, 공포, 슬픔 등 부정적 정서를 어떻게 다루느냐가 결국 그 사람에게 영향을 미친다. 본하트 정서카드는 자신과 타인의 감정을 인식하고 정서를 깨닫게 도와주는 도구이다. 이 카드는 감정 표현이 서툰 사람에게 쉽게 공감대를 형성하여 마음을 열게 하는 데 탁월하다. 자신의 감정을 인식하는 과정, 타인의 감정을 알아맞히는 과정, 자신의 정서를 찾는 과정, 자신의 부정 정서를 깨닫고 보완하는 과정 등 정서카드를 통해 자기 감정의 주인이 될 수 있다.

정서카드는 다음과 같이 활용할 수 있다.

● 마음을 가라앉히고 오늘 하루 동안의 자기 감정을 인식한다.

● 정서카드를 모두 펼쳐 놓는다.

● 자기 감정에 해당하는 긍정적 정서카드 3장, 부정적 정서카드 3장을 선택한다.

● 앞장에 나온 그림과 색깔을 보면서 있었던 사건과 자신의 느낌을 이야기해본다.

● 뒷장에 나온 내용과 질문을 읽고 대답하면서 서로의 정서를 인정하고 격려와 응원을 한다.

본하트 정서카드

● 참고 도서 ···

피터 호킨스, 강하룡 외 역, 「리더십 팀코칭」, 한국코칭수퍼비전아카데미, 2022

데이비드 클러터벅 외, 강하룡 외 역, 「팀코칭 이론과 실천」, 한국코칭수퍼비전아카데미, 2022

게리 콜린스, 양형주 외 역, 「코칭 바이블」, IVP, 2017

김학중, 「코칭 리더십으로 교회 살리기」, NCD, 2007,

티머시 골웨이, 최명돈 역 「이너게임」, 가을여행, 2019

에노모토 히데타케, 황소연 역, 「마법의 코칭」, 새로운제안, 2004

존 휘트모어, 김영순 역, 「성과 향상을 위한 코칭 리더십」, 김영사, 2019

이동운, 「코칭의 정석」, 뷰티플휴먼, 2014

우수명, 「질문의 방향」, 아시아코치센터, 2019

도로시 리즈, 노혜숙 역, 「질문의 7가지 힘」, 더난출판, 2016

게리 채프먼, 장동숙 외 역, 「5가지 사랑의 언어」, 생명의말씀사, 2010

김영기, 「코칭 대화의 심화 역량」, 북마크, 2014

한기채, 「예수님의 위대한 질문」, 교회성장연구소, 2012

한기채, 「하나님님의 위대한 질문」, 교회성장연구소, 2012

스탠 거쓰리, 유정희 역, 「예수님의 모든 질문」, 규장, 2018

오우성, 박민수, 「성경 이야기 상담 실습 가이드」, 시그마프레스, 2015

류영모, 「G12 셀리더십」, 서로사랑, 2004

김경민, 김수진, 신주은, 「OKR 파워」, 가인지북스, 2020

황규명, 「성경적 상담의 원리와 방법」, 바이블리더스, 2008
권영애, 「자존감, 효능감을 만드는 버츄프로젝트 수업」, 아름다운 사람들, 2018
하영목 외, 「한국형 정서코칭을 말한다」, 북코리아, 2022
최성애, 조벽, 「청소년 감정코칭」, 해냄, 2012
이지연, 「리질리언스 코칭」, 크레파스북, 2021
웨스트민스터 총회, 김태희 해설 「웨스트민스터 대요리문답 해설」, 세움북스, 2021